Bereits in der Reihe 3 – 5 – 8 –Minutengeschichten erschienen:

Komm wir kuscheln, komm wir träumen
Lass uns kichern, lachen, albern sein
Ritter und Piraten auf wilden Kaperfahrten
Kuschelstern und Mondenschein
Wunder, Wünsche, Abenteuer
Freunde, Glück und gute Laune
Matsch, Patsch, Kindergartenquatsch

MIX
Papier aus verantwor-
tungsvollen Quellen
FSC® C002795
FSC
www.fsc.org

Neuausgabe
1. Auflage
© 2021 Dressler Verlag GmbH, Max-Brauer-Allee 34, 22765 Hamburg
ellermann im Dressler Verlag · Hamburg
Alle Rechte vorbehalten
Die Originalausgabe ist 2014 unter dem Titel
»Drei-Fünf-Acht-Minutengeschichten zu Weihnachten« erschienen.
Text von Anne Ameling
Einband und farbige Illustrationen von Monika Parciak
Druck und Bindung: Livonia Print SIA,
Jurkalnes iela 15/25, LV-1046 Riga, Lettland
Printed 2021
ISBN 978-3-7514-0025-1

www.ellermann.de

3 5 8 MINUTEN-GESCHICHTEN

Anne Ameling

FUNKEL, FUNKEL, WEIHNACHTSWALD

Mit Bildern von Monika Parciak

ellermann im Dressler Verlag GmbH · Hamburg

Inhalt

3-Minutengeschichten

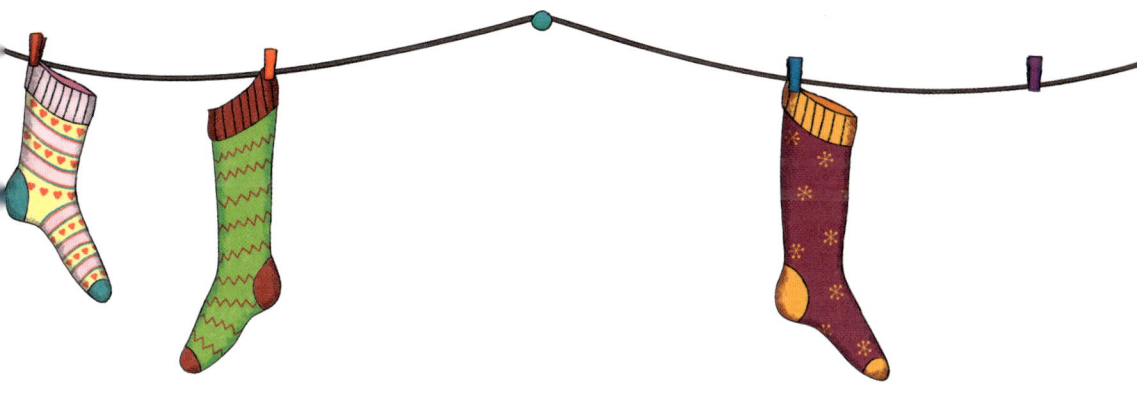

5-Minutengeschichten

8-Minutengeschichten

3-Minuten-Geschichten

Ein ganz besonderer Duft

»Juchhu, wir backen heute Plätzchen!«
Finn und Jan tanzen wild durch die
Wohnung. Endlich hat Mama
Zeit, mit ihnen Adventsplätz-
chen zu backen. Mama stellt schon
alles in der Küche bereit: Mehl, Eier, Zucker, Mandeln, Nüs-
se – und natürlich Streusel und Schokoguss zum Verzieren.
Sie lacht, als Jan und Finn ganz außer Atem bei ihr in der
Küche ankommen.

»Dann lasst uns mal loslegen«, sagt sie. Jan darf das Mehl
vorsichtig in die Schüssel tun. Als Mama nicht hinsieht, pustet er seinem Bruder eine Ladung Mehl ins Gesicht. Nun sind
Finns braune Haare ganz weiß. Gerade als auch er etwas von
dem Mehl nehmen will, dreht sich Mama wieder um. Sie
guckt streng und sagt: »Das Mehl kommt in die Schüssel,
nicht auf die Kinder. So steht's im Rezept!«

Mama knetet den Teig vor, dann bekommen Jan und Finn
jeder ein eigenes Stück zum Weiterkneten. Aber auch dabei
braucht man Mehl, damit der Teig nicht an den Händen kle-
ben bleibt. Das kann man prima werfen! Es staubt ordentlich,
und irgendwann sehen die beiden Jungen aus wie zwei Back-
gespenster. Mama schüttelt den Kopf. »Nicht dass ihr aus
Versehen mitgebacken werdet!« Jan und Finn kichern.

10

Jetzt dürfen sie den Teig ausrollen und Plätzchen ausstechen. Jan findet die Ausstechform am schönsten, die wie ein kleiner Esel aussieht. Finn mag lieber den Mond, denn den kriegt man leichter aufs Backblech, ohne dass er dabei kaputtgeht.

»Merkwürdig«, sagt Mama. »Ich dachte, wir würden mit der Menge Teig mehr Plätzchen backen können.«

Jan und Finn gucken schuldbewusst. Der Teig ist doch immer so lecker!

»Oh, jetzt weiß ich, wo der Teig geblieben ist. Ihr habt heimlich genascht«, schimpft Mama. »Hoffentlich bekommt ihr kein Bauchweh!«

Sie schiebt das Blech in den Ofen. Da klingelt das Telefon.

»Das ist Tante Moni, auf den Anruf habe ich schon gewartet«, sagt Mama. »Ich muss etwas mit ihr besprechen. Wir backen danach weiter!«

Jan und Finn gehen solange ins Kinderzimmer. Die Wohnung duftet schon jetzt herrlich nach Plätzchen. Finn schnuppert. »Hmm«, macht er. »So riecht Weihnachten! Wenn es doch immer so riechen würde!«

»Oh ja!«, sagt Jan und wirft sich rückwärts aufs Bett. Dabei fliegt eine mehlige Staubwolke aus seinem Pullover. »Plätzchenduft ist das Beste! Da krieg ich immer sofort Naschhunger.«

Finn kichert. Dann macht er sich startklar. »Achtung«, sagt er. »Ich bin ein Riesenplätzchen! Und wie ich dufte!«

Jan springt auf und versucht seinen kleinen Bruder zu fangen. Kreischend rennt Finn weg. Jan rennt hinterher und tut so, als würde er von Finn abbeißen. Irgendwann kriegt Finn einen Lachanfall. Das steckt an! Bald liegen beide Jungen auf dem Boden und halten sich die Bäuche.

»Mein Bauch tut weh«, jammert Finn. »Aber vom Lachen!«

»Ja, meiner auch«, sagt Jan.

Plötzlich hören sie einen spitzen Schrei aus der Küche.

Da fällt ihnen auf, dass der schöne Plätzchenduft verflogen ist. Es riecht eher nach Lagerfeuer. Oder besser: Es stinkt! Ojemine, die Plätzchen!

In der Küche hat Mama schon das Fenster aufgerissen und ein Blech mit verkohlten Keksen aus dem Ofen geholt. Sie schaut betrübt auf die schwarzen Monde und Esel.

»Puh«, sagt Jan, »wie gut, dass wir so viel Teig genascht haben. Der wäre sonst total verschwendet gewesen!«

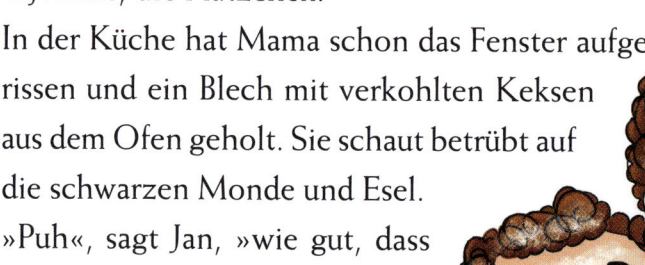

Rentier vermisst

Lukas und Tine stapften mit ihren Schlitten über den verschneiten Feldweg. Sie waren heute auf dem Rodelberg gewesen, aber jetzt wurde es langsam dunkel, und es war Zeit, heimzugehen. Plötzlich zog Lukas Tine am Arm.

»Da vorne steht ein Reh!«, flüsterte er.

Tatsächlich! Da stand ein Tier. Aber war das wirklich ein Reh? Die beiden gingen langsam weiter. Anstatt wegzulaufen, kam das Tier direkt auf sie zu.

»Das ist kein Reh«, flüsterte Tine. »Das ist ein Rentier. So

eins wie die, die den Schlitten vom Weihnachtsmann ziehen.«

»Meinst du, es ist dem Weihnachtsmann ausgebüxt?«, fragte
Lukas.

Tine überlegte. »Wo soll es sonst herkommen?«, fragte sie.
Das Rentier sah sie neugierig an. Tine holte einen Apfel aus
ihrem Rucksack und legte ihn auf ihre flache Hand. Das
Rentier reckte seinen Hals und nahm den Apfel vorsichtig
mit den Lippen. Er schien ihm gut zu schmecken. Gleich
darauf trat es näher an Tine heran und begann, an ihr zu
schnuppern.

»Es sucht noch mehr Äpfel«, sagte Lukas und lachte. »Was
machen wir jetzt?«

»Mal sehen, ob es uns folgt«, schlug Tine vor. »Wenn es
dem Weihnachtsmann weggelaufen ist, bringen wir es ihm
wieder zurück. Irgendwie.«

Tine und Lukas gingen wieder los. Und wirklich! Das Rentier lief hinter ihnen her.

Papa fielen fast die Augen aus dem Kopf, als sie wenig später
mit dem Rentier im Schlepptau in den Garten kamen.

»Woher habt ihr denn das Rentier?«, fragte er erstaunt.

»Es ist dem Weihnachtsmann ausgebüxt. Glauben wir«, sagte
Lukas.

»Ich glaube eher, es ist aus einem Tierpark abgehauen!«,
sagte Papa. »Ich rufe bei der Polizei an. Vielleicht wird irgendwo ein Rentier vermisst.« Er ging ins Haus.

Lukas und Tine guckten enttäuscht. Sicher hatte Papa recht. Warum sollten auch ausgerechnet sie ein Rentier finden, das dem Weihnachtsmann gehörte?

Ein bisschen traurig streichelten sie ihren neuen Freund.

»Wir sollten ihn Rudolf nennen«, schlug Tine vor. »So heißt ein Rentier in einem Weihnachtslied.«

»Super Idee!«, sagte Lukas.

Rudolf schien sich bei ihnen wohlzufühlen. Da kam Papa zurück in den Garten.

»Wie ich es mir dachte. Der Tierpark sucht das Rentier seit drei Tagen. Gleich kommt ein Mann und holt es ab.«

Tine und Lukas machten lange Gesichter. Doch bevor sie etwas sagen konnten, hörten sie jemanden vom Gartentor her rufen.

»Hallo! Ich komme wegen des Rentiers.«

So schnell? Rudolf trabte gleich zum Zaun. Tine und Lukas rannten hinterher. Da stand ein alter Mann in einem langen braunen Mantel. Er hatte einen Bart und trug eine rote Pudelmütze.

»Hallo, du Ausreißer!«, begrüßte er Rudolf und kraulte ihm den Kopf. Dann wandte er sich an Tine und Lukas. »Habt ihr ihn gefunden?«

Tine und Lukas nickten.

»Vielen Dank! Ohne Rudolf geht es bei uns einfach nicht!«, sagte der Mann.

»Heißt er wirklich so?«, fragte Lukas erstaunt.

»Natürlich. Den Namen hat er von euch, oder? Rudolf und ich müssen los, aber ich werde euch nie vergessen!«

Der alte Mann zwinkerte Tine und Lukas zu. Dann schnalzte er mit der Zunge, drehte sich um und ging. Rudolf folgte ihm.

»Der Mann vom Tierpark war aber schnell hier, um sein Rentier abzuholen!«, sagte Papa.

Tine und Lukas sahen sehr nachdenklich aus.

»Das war er, oder, Tine?«, flüsterte Lukas.

»Ganz bestimmt«, sagte Tine und lächelte.

17

Die Wunschzettel

Seit Tagen denkt Tom darüber nach, was er auf seinen Wunschzettel schreiben soll. »Du kannst dir alles wünschen«, sagt Mama immer. »Aber wenn der Wunschzettel zu lang ist, dann werden vielleicht nicht alle Wünsche erfüllt, sondern nur ein paar.«

Also überlegt Tom, was er sich am allermeisten wünscht. Ein Schnitzmesser. Neue Fußballschuhe. Eine elektrische Eisenbahn. Oder doch den Roboter aus Karlas Spielzeugprospekt? Er kann sich einfach nicht entscheiden!

Karla ist Toms kleine Schwester. Sie kann noch nicht schrei-

ben, deshalb schneidet sie die Sachen, die sie sich wünscht, aus und klebt sie auf. Sie hat schon zehn Wunschzettel geklebt.

»Karla, das alles bringt dir das Christkind nie im Leben!«, sagt Tom.

»Ich wünsch mir das aber!«, sagt Karla und klebt ein weiteres Bild auf.

Irgendwann sind aber auch Karlas Wunschzettel fertig. Das liegt daran, dass in ihrem Spielzeugprospekt keine Bilder mehr sind, die sie ausschneiden könnte. Tom bemalt seinen Wunschzettel noch mit kleinen Sternen. Dann stecken sie die Wunschzettel in Briefumschläge. Karla braucht einen ziemlich großen.

»An das Christkind« schreibt Tom auf seinen Umschlag. Karla will, dass bei ihr »An den Weihnachtsmann« draufsteht.

»Das ist doch egal«, sagt Tom. »Die beiden helfen sich gegenseitig!«

Aber Karla ist das nicht egal. Sie will ihre Geschenke vom Weihnachtsmann. Der kann bestimmt mehr tragen als das Christkind, denkt sie.

Papa sagt, dass sie die Briefumschläge auf den Balkon legen müssen. Dort würden die Weihnachtspostboten sie dann abholen. Also legen Tom und Karla ihre Wunschzettel auf den Balkontisch.

»Jetzt warten wir auf die Weihnachtspostboten«, sagt Karla.

19

Tom schüttelt den Kopf. »Die kommen nur, wenn keiner guckt.«

Karla ist enttäuscht. Immer ist alles so geheimnisvoll, wenn's um Weihnachten geht.

In der Nacht wird Tom wach. Er muss mal. Auf dem Weg zur Toilette hört er seltsame Geräusche vom Balkon. Vorsichtig schleicht er zur Balkontür. Was ist das? Da zerren zwei kleine Männchen mit roten Schirmmützen an Karlas Wunschzettel herum, der in den Balkonstreben hängen geblieben ist. Tom öffnet die Tür.

»Seid ihr die Postboten?«, fragt er. »Kann ich euch helfen?« Die Männchen erstarren. »Oh, erwischt«, ruft das eine. »Das ist mir in meiner ganzen Zeit als Postbote noch nie passiert!«

»Das kommt davon, dass die Wunschzettel immer länger werden!«, schimpft das andere.

»Meine Schwester Karla ist noch klein«, erklärt Tom. »Sie bastelt so gern, deshalb ist ihr Wunschzettel so lang geworden.«

»Schon gut«, brummt das Männchen. »Nun hängt er aber fest.«

Tom zieht den Brief aus dem Geländer und reicht ihn dem kleinen Postboten.

»Meint ihr, der Weihnachtsmann findet die richtigen Sachen aus Karlas Wunschzettel heraus? Die, über die sie sich am meisten freut?«, fragt Tom.

»Der Weihnachtsmann macht seine Sache ziemlich gut«, sagt das eine Männchen. »Das schafft er schon.«

Tom ist froh. Schließlich will er, dass sich Karla über ihre Geschenke freut. Er will fragen, ob das Christkind wohl alle seine Wünsche erfüllt. Doch hopp! Da sind die beiden Männchen schon fort.

Macht nichts. Der kleine Postbote hat ja gesagt, dass der Weihnachtsmann seine Sache gut macht. Das gilt sicher auch fürs Christkind!

Kiki und der Nikolaus

Kiki heißt eigentlich Katarina. Aber alle nennen sie Kiki. Kiki ist schon groß. Seit einem halben Jahr geht sie in den Kindergarten. Dort ist es toll! Jetzt, wo die Weihnachtszeit beginnt, basteln sie bunte Sterne für die Fenster und kleine Nikoläuse aus Tannenzapfen. Gestern mussten alle Kinder einen Strumpf von zu Hause mitbringen. Kiki hat eine schöne, selbst gestrickte Wollsocke von Tante Grete ausgesucht. Die Strümpfe wurden alle an eine Wäscheleine gehängt, die quer durch den Gruppenraum gespannt wurde.

»In die Strümpfe kommt dann übermorgen eure Nikolausüberraschung«, hat Vanessa, die Erzieherin, ihnen erklärt.

Eine Überraschung! Kiki ist ganz aufgeregt. Doch als sie heute in den Kindergarten kommt, kriegt sie einen Riesenschreck. Alle Strümpfe sind weg!

»Jemand hat die Nikolaussocken geklaut!«, schreit Kiki. Die anderen Kinder lachen.

»Die hat doch der Nikolaus geholt«, sagt Pablo. »Morgen kommt er in den Kindergarten. Jedes Kind, das brav war, wird nach vorne gerufen und kriegt seinen Strumpf zurück.«

»Und der ist dann voll mit Süßigkeiten!«, ergänzt Kerim.

Kiki wird ganz still. Den ganzen Morgen hat sie keine rich-

tige Lust zu spielen. Und am nächsten Tag will sie gar nicht
in den Kindergarten.

»Was ist denn los mit dir?«, fragt Mama verwundert. »Ihr
feiert doch heute Nikolaus.«

»Aber darum ja«, sagt Kiki traurig. »Ich will nicht Nikolaus
feiern.«

»Aber wieso denn nicht?«, fragt Mama.

»Der Nikolaus kommt heute. Er hat unsere Socken geklaut
und gibt sie nur den Kindern zurück, die brav waren.«

»Hast du Angst, dass du nicht brav warst?«, fragt Mama.

Kiki schaut auf den Boden. »Weil ich doch neulich Linas
Bagger kaputt gemacht habe«, sagt sie leise.

Da lacht Mama. »Nikolaus ist ein guter Mann, Kiki. Das
singen wir doch immer im Nikolauslied. Du brauchst keine
Angst haben.«

Kiki ist sich da nicht so sicher. Auf dem Weg zum Kindergarten trödelt sie die ganze Zeit. Als Mama und sie endlich
ankommen, warten schon alle Kinder in der Turnhalle.

»Kiki, komm schnell«, ruft Lina. »Sonst verpasst du den
Nikolaus!«

Kiki rennt in die Turnhalle. Sie setzt sich nach ganz hinten.

Damit keiner merkt, wenn der Nikolaus sie nicht nach vorne ruft.

Alle singen das Nikolauslied. Dann öffnet sich die Hallentür, und der Nikolaus kommt herein.

Er setzt sich nach vorne auf einen großen Sessel. Und da sieht Kiki es: Der Nikolaus trägt Turnschuhe! Das kann ja gar nicht der echte Nikolaus sein, denn der hat schwarze Stiefel, das weiß jeder. Kiki fällt ein Stein vom Herzen. Das mit dem Bagger wird er also nicht wissen! Wenig später ist Kiki auch schon an der Reihe.

»Katarina Klein, warst du denn auch brav?«, fragt der Nikolaus.

»Nein, ich habe Linas Bagger kaputt gemacht«, gibt Kiki zu. »Aber du bist gar nicht der Nikolaus. Du hast nämlich Turnschuhe an.«

Der Nikolaus stutzt. Dann lächelt er. »Natürlich habe ich Turnschuhe an. In der Turnhalle darf ich doch meine Straßenstiefel nicht anziehen.« Er lacht. »Du bekommst deinen Nikolausstrumpf trotzdem. Weil du so ehrlich bist!«

Kiki wird rot. Gut, dass der Nikolaus nicht wütend ist. Das mit den Straßenschuhen hat sie ganz vergessen! Mit ihrem prall gefüllten Strumpf geht sie auf ihren Platz zurück. Mama hatte recht: Nikolaus ist ein guter Mann.

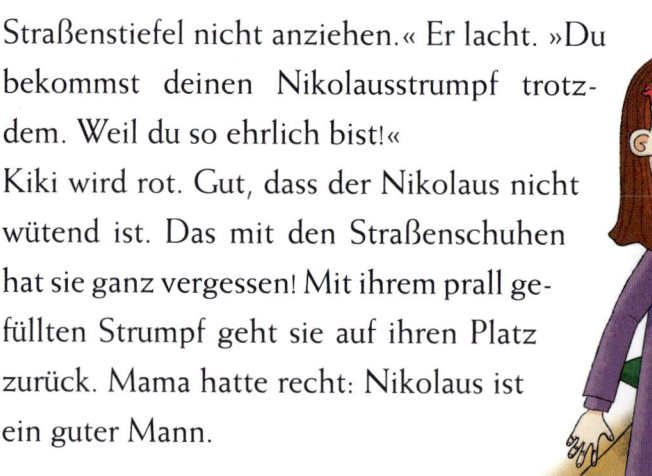

Der schnellste Schlitten

»Was macht ihr da?«, fragt Mia ihren Bruder Paul und seinen Freund Metin. Die beiden sitzen mit ihren Schlitten vor der Garage und reiben mit Kerzenstummeln Wachs auf die Kufen. »Wir wachsen unsere Schlitten! Leon aus der 1 b sagt, dass er mit seinem neuen Schlitten tausend Mal schneller ist als wir. Aber wir zeigen dem Angeber, wer den schnellsten Schlitten hat!«, sagt Paul entschlossen und rubbelt seinen Kerzenstummel noch ein bisschen schneller hin und her. Die Kufen glänzen schon richtig.

»Kann ich mitkommen?«, fragt Mia. Sie will unbedingt sehen, wie ihr Bruder gegen Leon im Schlittenrennen gewinnt.

»Na klar!«, sagt Metin.

Paul betrachtet zufrieden seinen Schlitten. »Fertig!«, sagt er. Die drei machen sich auf den Weg.

Auf einmal kommt Wind auf, und die Kinder hören in der Ferne Glöckchen bimmeln. Jemand ruft: »Huhu!«

Hinter ihnen taucht ein großer, plumper Schlitten auf, und obendrauf sitzt …

»Der Weihnachtsmann?«, fragt Metin ungläubig.

Der Schlitten bleibt genau vor den drei Kindern stehen. »Der bin ich wohl«, sagt der Mann auf dem Schlitten schmunzelnd.

»Oh, äh, hast du nicht gerade jede Menge zu tun? Wunschzettel einsammeln, Geschenke packen und so?«, stottert Paul.

»Ich habe heute frei«, sagt der Weihnachtsmann. »Das Christkind springt für mich ein. Ich habe gehört, es gibt ein Schlittenrennen, da wäre ich gerne dabei!«

»Na ja«, sagt Paul. »Eigentlich ist das nur ein Rennen zwischen Leon und uns. Wir wollen ihm beweisen, dass unsere alten Schlitten genauso gut sind wie sein neuer.«

Da lacht der Weihnachtsmann. »Wisst ihr was? Dafür leihe ich euch meinen Schlitten. Der ist nämlich auch ohne Rentiere turboschnell.«

Metin und Paul sehen sich an. »Toll!«, ruft Mia sofort. »Damit sausen wir Leon ganz sicher davon.«

»Ja«, sagt der Weihnachtsmann und lacht. »Das wird so sein! Auf zum Rodelberg!«

Als sie dort ankommen, sind Leon und seine Freunde schon da.

»Traut ihr euch doch, gegen mich anzutreten?«, ruft er ihnen entgegen. Er zeigt auf den Weihnachtsschlitten und lacht laut. »Mit dem ollen Ding wollt ihr gewinnen?«

»Wir werden ja sehen«, murmelt Metin. Er, Mia und Paul setzen sich auf den Weihnachtsschlitten. Leon bringt seinen neuen Superschlitten in Stellung.

»Auf die Plätze, fertig,
los!«, brüllt Lasse.
Der Weihnachtsschlitten düst
von ganz alleine los, während Leon
mit einem langen Anlauf versucht, Tempo zu kriegen. Sein
Schlitten ist zwar wirklich schnell, aber der Weihnachtsschlitten ist uneinholbar. Es ist, als würden seine Kufen gar
nicht den Boden berühren.

»Juchhu!«, rufen Metin, Paul und Mia.

Der Weihnachtsmann steht derweil versteckt zwischen
den Bäumen und beobachtet das Rennen. Er schnippt
mit den Fingern, und der Weihnachtsschlitten erhebt

sich in die Luft, fliegt einmal über den ganzen Park, um dann direkt vor Leons Superschlitten zu landen. Leon kriegt den Mund gar nicht mehr zu.

»Da guckst du blöd!«, ruft Mia. »Das olle Ding ist nämlich der schnellste Schlitten!«

Da steht plötzlich der Weihnachtsmann neben ihnen.

»Kommt! Wir drehen alle zusammen eine Runde!«, sagt er freundlich. »Egal, wer der Schnellste ist – Hauptsache, es macht Spaß!«

Und wie es das macht, da sind sich alle einig!

Moos für die Krippe

Lea darf Opa helfen, die Krippe aufzubauen. Die Krippe bei Oma und Opa ist die tollste von allen, findet Lea. Die Figuren sind aus Gips und bunt bemalt. Den Stall hat Opa selbst gezimmert. Jedes Jahr legt er die Krippe mit echtem Moos aus.

»Zu einer Krippe gehört echtes Moos«, findet Opa nämlich. Also gehen Lea und Opa heute in den Wald, um welches zu suchen. Lea trägt den Korb.

»Ich weiß, wo wir das feinste Moos finden«, sagt Opa und zeigt auf ein paar runde Felsen, die sich abseits vom Weg zwischen den Bäumen auftürmen.

Die beiden stapfen durchs Unterholz zu den Felsen. Lea ist froh, dass es dieses Jahr noch nicht geschneit hat. Sonst wäre die Moossucherei schwierig. Opa und Lea suchen den Boden und die Steine genau ab.

»Sieh mal, Opa!«, ruft Lea. »Wäre das Moos hier nicht gut? Das ist so weich.«

Opa ist beeindruckt. »Du hast ein gutes Auge, Lea! Das ist perfekt, das nehmen wir.«

Opa löst das Moos vorsichtig vom Boden. Schwarze Walderde rieselt herunter. Er legt es in den Korb. Lea streicht mit der Hand darüber.

»Au!«, ruft sie. »Mich hat was gezwickt.«

Opa schaut nach, aber er kann nichts entdecken, was zwicken könnte.

Zu Hause bauen Opa und Lea gemeinsam die Krippe auf. Opa legt das Moos aus. Dann stellt Lea die Schafe, die Hirten, den Esel und den Ochsen auf. Zum Schluss kommen natürlich Maria, Josef und das Jesuskind in der Krippe. Den Weihnachtsengel mit Trompete setzt Opa aufs Stalldach.

»Wie hübsch!«, sagt Oma, als sie fertig sind. »Zur Belohnung mache ich euch süße Pfannkuchen.«

Opa muss telefonieren. Nur Lea bleibt noch vor der Krippe sitzen und schaut sich die Gipsfiguren an. Plötzlich bewegt sich etwas hinter dem Esel. Lea reibt sich die Augen. Ein kleines Männlein, mit einem Gesicht wie knorrige Baumrinde und Haaren wie das Moos selbst, lugt neugierig hinter dem Esel hervor. Als es Lea entdeckt, duckt es sich schnell und ist nicht mehr zu sehen.

Lea nimmt das Stück Moos aus der Krippe, in dem es sich versteckt hält. Das Männlein beißt ihr in den Finger. Das zwickt! »Aha!«, sagt Lea. »Du warst das also. Wer bist du?«

»Ich bin ein Mooswichtel«, piepst das Männlein. »Ihr Riesen habt mein Moos geklaut.«

»Oh«, sagt Lea. »Das tut mir leid.«

Der Mooswichtel sieht sich um. »Das ist nicht der Wald, oder?«, fragt er und deutet auf den Weihnachtsbaum. »Hier gibt es keine Vögel und Füchse, oder?«

»Nein«, sagt Lea. »Hier gibt es nur ein Kaninchen, und das heißt Kurt.«

»Eigentlich ganz schön hier«, sagt der Mooswichtel. »Wer sind denn die ganzen Leute da?«

Lea lacht. »Das sind doch keine Leute. Das sind Krippenfiguren aus Gips. Die bewegen sich nicht mal. Du kannst hier ruhig wohnen, wenn du magst. Wenn wir die Krippe wieder abbauen, bring ich dich zurück in den Wald.«

»Das ist ja wie Urlaub.« Der Mooswichtel klatscht in die Hände. »Abgemacht!« Er springt vergnügt ins Moos zurück.

Lea ist ganz aufgeregt. So ein Krippenbewohner, der sprechen kann, das ist doch wirklich großartig!

»Lea, dein Pfannkuchen!«, ruft Oma aus der Küche.

»Bis später!«, flüstert Lea. Der Mooswichtel sitzt winkend auf dem Gipsesel.

Das ist wirklich die tollste Krippe von allen.

Der Esel tanzt

Im Stall bei Bethlehem war ein Tag wie jeder andere. Schafe und Ochse mampften genüsslich Heu, die Stallmäuse wuselten im Stroh herum, und eine Spinne arbeitete eifrig daran, das größte Spinnennetz von ganz Bethlehem ins Stallfenster zu weben. Alles war wie immer.

»Ist euch gar nicht langweilig?«, fragte da der Esel auf einmal in das Schmatzen und Rascheln hinein.

Schafe und Ochse unterbrachen ihr Kauen für einen Moment und sahen den Esel überrascht an. »Nö«, sagten die Schafe nach kurzem Nachdenken und mampften weiter mit dem Ochsen um die Wette.

»Immer nur essen, schlafen, kötteln? Ist euch das nicht zu langweilig?«, fragte der Esel wieder.

»Was sollen wir denn deiner Meinung nach sonst tun?«, fragte der Ochse.

Der Esel dachte nach. »Tanzen!«, sagte er dann.

»Tanzen?«, fragte der Ochse. »Wozu soll das denn gut sein?«

»Das habe ich vor zwei Tagen auf dem Dorfplatz gesehen«, erzählte der Esel. »Die Menschen bewegten die Füße und drehten sich. Sie sahen dabei ganz fröhlich aus.«

Er versuchte es vorzumachen. Aber es fühlte sich nicht richtig an. »Na klar!«, fiel ihm ein. »Sie hatten auch Musik! Damit geht es bestimmt.«

»Oh, Musik kenne ich«, sagte ein Schaf. »Der Hirte spielt manchmal Musik auf seiner Flöte.«

»Ihr könnt doch Musik machen«, schlug der Esel vor. Die Schafe versuchten es. Eines machte »Mäh!«, eines »Möh!« und ein drittes sogar »Müh!«.

Aber wie Musik klang das überhaupt nicht.

»Aufhören!«, muhte der Ochse. »Sofort aufhören!«

Der Ochse schaute den Esel streng an.

»Esel tanzen nicht. Das ist nichts für Tiere. Friss dein Heu und beschwer dich nicht, du hast es doch gut hier!«

Ruhig mampften alle weiter. Die Spinne spann, und die Mäuse kuschelten sich in ihr Nest aus

35

Stroh. Der Esel zupfte betrübt ein paar Halme aus der Futterkrippe. Sie schmeckten ihm nicht. Warum konnte er nicht genauso tanzen wie die Menschen? Das Leben konnte doch nicht nur aus Stall und Heu bestehen. Wenn er nur einmal ein bisschen Musik hätte. Dann würde er tanzen, da war er sich sicher.

So verging der Tag. Die Hirten holten die Schafe ab und trieben sie auf das Feld. Der Ochse erzählte Geschichten von früher, als er noch ein Kälbchen war. Die Spinne lauerte geduldig in ihrem neuen Supernetz. Und der Esel langweilte sich.

Doch als der Abend kam, öffnete sich leise die Stalltür. Zwei Leute stolperten herein, ein Mann und eine Frau. Sie sahen müde aus.

»Schau mal«, brummte der Ochse. »Die Frau bekommt ein Kalb.«

»Das heißt Baby«, berichtigte ihn der Esel.

Der Mann bettete die Frau ins weiche Stroh. Der Esel war ganz aufgeregt. Endlich passierte mal was! In seinem Stall wurde ein Kind geboren!

Der Mann legte das kleine Menschlein sogar in seine Futterkrippe. Da lag es und

schlief friedlich, während der Mann und die Frau sich im Arm hielten und es voller Liebe anschauten.

In diesem Moment hörte der Esel eine wunderschöne Musik, wie von Engeln gesungen. Er wusste nicht, woher sie plötzlich kam. Aber er tanzte. Er tanzte noch, als die Schafe mit den Hirten vom Feld kamen und drei fremde Herren mit Geschenken erschienen. Er tanzte und war fröhlich. Und der Ochse schimpfte deshalb gar nicht. Er brummte nur leise im Takt der Musik.

Die Schneeballschlacht

In diesem Jahr hatten die Kinder lange auf den ersten Schnee gewartet. Nun war er endlich da, und alle tobten fröhlich draußen herum.

»Jungs gegen Mädchen!«, brüllte Matti durch die Spielstraße, und schon traf der erste Schneeball Mila an der Schulter.

»Das kriegst du zurück!«, schrie Mila und lachte. Aber Matti versteckte sich schnell hinter einem Auto, und sie traf nur den Gartenzaun.

Die Mädchen formten einen Vorrat an Schneebällen.

Nele und Nina schleuderten die Bälle zu den Jungen hinüber.

Ein Schneeball der Jungen landete genau in Neles Nacken.
»Igitt!«, schimpfte sie. Das war kalt! Sie hüpfte im Kreis
herum und versuchte sich den Schnee aus ihrem Kragen zu
schlagen.

»Attacke!«, tönte es da plötzlich. Die Jungen stürmten auf
die Mädchen zu. Dabei warfen sie einen Schneeball nach
dem anderen.

Niemand hatte bemerkt, dass der alte Herr Plötze aus der
Nummer 48 auf dem Gehsteig heranschlurfte. Herr Plötze
war ein fürchterlicher Griesgram. Immer hatte er etwas zu
schimpfen und regte sich über die kleinsten Kleinigkeiten

auf. Die Kinder hatten alle ein bisschen Angst vor ihm. Ihre Eltern sagten, Herr Plötze sei eben, wie er sei, und vielleicht auch nicht ganz richtig im Kopf.

Es kam, wie es kommen musste: Matti hatte eine seiner »Matti-Spezial-Kanonen« in Richtung Nina geworfen. Aber statt auf Nina landete der Schneeball am Hinterkof von Herrn Plötze. Die Kinder erstarrten und hielten erschrocken den Atem an. Herr Plötze lief rot an. Dann fing er an zu schimpfen: »Wenn ich den erwische, der mich beworfen hat! Der kann was erleben!« Dabei fuchtelte er wild mit seinem Gehstock herum.

Schnell rannten die Kinder in alle Richtungen davon. Matti zog Nina hinter sich her. Hinter einer Garage versteckten sich die beiden. »Wir warten einfach, bis er nicht mehr wütend ist«, flüsterte Matti.

Doch plötzlich hörten sie Schritte im Schnee knirschen. Nina nahm Mattis Hand.

Im nächsten Moment stand Herr Plötze vor ihnen.

»Da versteckt ihr euch also«, sagte Herr Plötze.

»Nicht böse sein!«, stammelte Matti. »Ich war das, aber aus Versehen, ehrlich. Das war mein Matti-Spezial-Wurf. Eigentlich wollte ich Nina treffen!«

Nina nickte schnell. »Sie haben mich also gerettet!«

»Dein Matti-Spezial-Wurf. Soso«, brummte Herr Plötze. »Wenn das ein Spezial-Wurf war, solltest du besser zielen lernen.«

Er schaute die beiden Kinder lange an. »Ihr habt Angst vor mir, oder?«

Matti und Nina nickten.

»Bin ich so schlimm?«, fragte Herr Plötze.

Matti und Nina zögerten. Dann nickten sie wieder.

»Hm«, brummte Herr Plötze. Und auf einmal fing er an zu lachen. Matti und Nina waren baff. Auch Herr Plötze konnte also lachen!

»Wir haben ja damals immer ein Katapult für die Schneebälle gebaut. Das solltet ihr probieren. Besucht mich mal, dann erkläre ich euch, wie man das macht«, sagte er. »Falls ihr euch traut.«

Dann schlurfte er davon.

»Kannst du dir Herrn Plötze als Kind vorstellen?«, flüsterte Nina.

»Ich weiß nicht«, sagte Matti. »Auf jeden Fall hole ich jetzt ein paar von unseren Adventskeksen und gehe zu ihm. Ich wüsste zu gern, wie man ein Katapult baut.«

Von dem Tag an hatten die Kinder keine Angst mehr vor Herrn Plötze. Und das Katapult, das er mit Matti zusammen baute, war einfach unschlagbar!

42

Winterwald

»Fast das ganze Jahr über ist der Winterwald ein Wald wie jeder andere«, erzählt Opa Kalli Anna. »Nur ein Mal im Jahr, in der Weihnachtsnacht, da liegt ein Zauber über dem Wald. Die Tiere erwachen aus dem Winterschlaf und kommen alle zusammen, um zu feiern.« Anna staunt. Ob das wahr ist, was Opa Kalli da erzählt?

Anna verbringt Weihnachten gerne bei Opa Kalli. Dort, wo er wohnt, liegt an Weihnachten immer Schnee. Sie kann mit Mama und Papa Schlitten fahren und mit Opa Kalli die tollsten Schneemänner bauen. Aber vom Winterwald hat sie vorher noch nie gehört!

»Ich zeige ihn dir«, sagt Opa Kalli. »Nach der Bescherung, wenn alle schlafen, schleichen wir uns raus. Dann zeige ich dir das Fest der Tiere.« An Heiligabend machen sie alle zusammen einen

Spaziergang im Schnee und essen danach Würstchen mit Kartoffelsalat. Sie singen Weihnachtslieder, und Anna bekommt das Puppenhaus geschenkt, das sie sich so gewünscht hat. Als sie später im Bett liegt, denkt sie: Ach, wenn Weihnachten nur nicht immer so schnell vorbei wäre!

Es ist aber noch gar nicht vorbei. Mitten in der Nacht wird Anna von Opa Kalli geweckt. Mit einer Taschenlampe steht er vor ihrem Bett und flüstert: »Steh auf, Anna. Wir gehen in den Winterwald!«

Anna ist sofort hellwach. Der Winterwald! Wie konnte sie das vergessen! Aufgeregt schlüpft Anna in ihren Schneeanzug. Sie folgt Opa auf Zehenspitzen zur Tür hinaus und durch den verschneiten Garten. Sie laufen über den schmalen Feldweg, der direkt zum Winterwald führt. Die runde Scheibe des Mondes leuchtet hell. Unter ihren Füßen knirscht der Schnee. Anna sieht sich erstaunt um. Überall sind kleine Lichter. Es sieht aus, als wären die Sterne vom

Himmel gefallen und würden nun zwischen den Bäumen herumfliegen.

»Das sind Glühwürmchen«, sagt Opa. »Die gibt es sonst nur im Sommer. Doch der Weihnachtszauber erweckt sie zum Leben!« Anna ist selbst ganz verzaubert. Es ist so still im Wald. Sie folgen den schwebenden Lichtern der Glühwürmchen bis zu einer Lichtung. In ihrer Mitte steht eine große Tanne. Opa flüstert Anna zu: »Hier verstecken wir uns.«

Zuerst kann Anna nichts Ungewöhnliches entdecken. Sie muss gähnen. Langsam wird es kalt, und nichts passiert. Doch auf einmal füllt sich die Lichtung. Waldtiere erscheinen und versammeln sich um die Tanne.

Anna sieht einen großen Hirsch mit riesigem Geweih. Und dort drüben legt doch tatsächlich ein Fuchs seinen buschigen Schwanz um einen kleinen Hasen, als ob er ihn wärmen will. Und ist das da vorne nicht sogar das dicke Pony von Opa Kallis Nachbarn?

Plötzlich wird es ganz hell, und ein Engel erscheint. Wie schön er aussieht! Der Engel geht von Tier zu Tier. Jedem gibt er etwas, was es gerne hat. Das Pony bekommt einen Apfel und der kleine Hase eine Mohrrübe. Der Engel streicht den Tieren übers Fell und spricht mit ihnen. Dann beginnt er zu singen, und für einen Moment wird es Anna ganz warm.

»Nun wissen die Tiere«, flüstert Opa Kalli, »dass sie auch diesen Winter gut überstehen werden. So können sie besser auf den Frühling warten.«

Dann nimmt er Annas Hand und geht mit ihr zurück nach Hause.

»Du, Opa«, sagt Anna. »Feiern nur die Tiere im Winterwald Weihnachten?«

»Wer weiß das schon«, sagt Opa Kalli und lächelt.

5-Minuten-Geschichten

Die Zauberschere

Endlich ist es so weit – heute holen Mama und Moritz die Adventsdekoration vom Dachboden. Es gibt ein kleines Karussell mit drei Engeln, das sich dreht, wenn man eine Kerze hineinstellt. Fürs Fenster haben sie einen ganz bunten Stern, mit einer kleinen Glühbirne drin. Und Moritz holt natürlich die Rentierlichterkette hervor, die er immer an sein Regal hängt.

Mama sucht überall nach dem Ring aus Styropor für den Adventskranz. Denn den wollen sie gleich noch basteln. Unten liegt schon alles dafür bereit.

Moritz sucht mit. In einer dunklen Ecke des Dachbodens findet er ein kleines Kästchen aus Holz. Er öffnet es vorsichtig. Darin liegt eine Bastelschere. Sie hat einen gelben Griff, an dem Sterne glitzern.

»Mama, guck mal!«, ruft Moritz. »Darf ich damit gleich die Figuren für den Adventskranz ausschneiden?«

Mama wundert sich. »Nanu, wo kommt die denn her? Die ist aber hübsch. Sicher darfst du damit basteln! Aber wo ist bloß dieser Ring?«

»Da oben!« Moritz zeigt auf ein Regal. Dort liegt der Ring. Mama lacht. »Gut, dass ich dich habe, mein kleiner Schatzsucher!«, sagt sie.

Zusammen tragen Mama und Moritz alle Adventssachen nach unten. Zuerst stellt Moritz das

Engelkarussell auf, und Mama hängt den Leuchtstern ins Fenster. Danach hilft Mama Moritz mit der Lichterkette. Zum Schluss ist der Adventskranz dran. Mama umwickelt das Styropor mit Tannenzweigen. Moritz schneidet mit der Sternenschere vier kleine Nikoläuse aus rotem Tonkarton aus. Besser gesagt: erst einmal vier Kreise, die an einer Stelle bis zur Mitte eingeschnitten werden. Dort klebt Moritz sie so zusammen, dass sie aussehen wie kleine Hütchen. Mit rosa Papier und etwas Watte klebt er Gesicht und Haare auf die Hütchen. Jetzt sehen sie aus wie Nikoläuse! Mit einem Filzstift malt Moritz noch Augen, Mund und Nase in die rosa Gesichter. Auch ein paar Mantelknöpfe kommen auf den Bauch. Kaum hat er den letzten Knopf gemalt, fällt ihm vor Schreck der Stift aus der Hand.

Die Nikoläuse bewegen sich!

Moritz schreit auf. Mama zuckt zusammen. »Alles klar?«, fragt sie besorgt.

»Jaaa«, sagt Moritz und zeigt auf die kleinen Nikoläuse.

Mama springt erschrocken auf. »Was ist denn das?«

Die Nikoläuse wackeln auf Moritz zu. »Hallo!«, sagt einer. »Hast du uns gebastelt?«

Moritz nickt. »Aber ihr seid aus Papier!«, sagt er. »Wie könnt ihr euch bewegen?«

Die Nikoläuse kichern.

»Er weiß es nicht!«, ruft einer.

»Das ist ein Rätsel«, sagt ein anderer.

Doch der erste Nikolaus zeigt auf

Moritz' Schere. »Das ist eine Zauberschere.

Alles, was du damit bastelst, wird eine Stunde lang lebendig!«

Mama schüttelt erstaunt den Kopf. »Eine Zauberschere auf

unserem Dachboden? Das gibt's ja gar nicht!«

»Doch!«, rufen die Nikoläuse, und zum Beweis tanzen sie

um den ganzen Tisch.

»Sollen wir was singen?«, fragt einer. Sofort fangen die vier

Hütchenfiguren an: »Advent, Advent, der Nikolaus pennt!«,

singen sie lauthals und lachen sich dabei kaputt.

Moritz und Mama lachen mit. Das ist zu witzig, wie die vier

komischen Männlein da auf dem Tisch herumwuseln!

»Basteln können wir nicht!«, ruft einer. »Wir haben ja keine

Arme. Aber macht mal den Adventskranz fertig, dann stel-

len wir uns ganz brav obendrauf.«

Also bindet Mama die restlichen Tannenzweige fest. Dann

steckt sie vier dicke rote Kerzen auf den Kranz. Die vier

Nikoläuse hüpfen zwischen die Kerzen.

»Kannst du sie bitte, bitte anmachen?«, betteln sie im Chor.
»Es ist zwar noch nicht der erste Advent, aber weil ihr es
seid!«, sagt Mama und holt Streichhölzer. Kaum hat sie eine
Kerze angemacht, da pustet sie auch schon der erste
Nikolaus wieder aus.

»He«, sagt Mama, »wartet wenigstens, bis alle
an sind!«

Ungeduldig wackeln die kleinen Nikoläuse auf ihren Plätzen hin und
her. Endlich brennen alle Kerzen. Es sieht schön aus, findet
Moritz.

»Advent, Advent, der Nikolaus
rennt!«, singen die Nikoläuse.

»Und jetzt auspusten«, ruft einer. Schade, denkt Moritz.

Alle vier Nikoläuse blasen die Backen auf.
Doch genau in diesem Moment ist die Zau-
berstunde vorbei. Die vier Nikoläuse erstarren
mit dicken Backen, und die Kerzen brennen munter weiter.
»Och nee!«, sagt Moritz. »Jetzt sehen sie ziemlich doof
aus!«

Mama lacht. »Ja, aber so einen lustigen Adventskranz hatten wir noch nie!«

Das stimmt allerdings! Moritz nimmt die Zauberschere.
Was wohl passiert, wenn er damit die Sterne ausschneidet,
die Mama auf das Goldpapier vorgemalt hat? Er probiert es

aus. Der erste Stern schwebt hoch an die Zimmerdecke. Moritz schneidet einen Stern nach dem anderen aus. Und einer nach dem anderen fliegt an die Zimmerdecke, die bald aussieht wie ein richtiger Sternenhimmel.

Als Papa nach Hause kommt, staunt er nicht schlecht. Im Wohnzimmer glänzen die Sterne an der Decke, und die Kerzen am Adventskranz brennen. Alles ist ganz feierlich. Auch wenn es so aussieht, als würden die Nikoläuse die Kerzen gleich auspusten. Papa setzt sich zu Mama und Moritz an den Tisch.

»Wie habt ihr das nur hingekriegt?«, fragt er bewundernd.

»Mit meiner Zauberschere!«, sagt Moritz und zeigt Papa die Schere.

Papa macht große Augen. »Die kenne ich, die ist von Onkel Jo. Ich wusste nicht, dass sie zaubern kann!«

»Kann sie«, sagen Mama und Moritz gleichzeitig. In diesem Moment fällt ein sanfter Goldsternregen von der Zimmerdecke. Wie schön das ist!

Dieser Advent wird der zauberhafteste Advent, den es je gab. Da ist sich Moritz ganz sicher!

Norbert zieht an den Nordpol

Norbert war ein ganz normaler Eisbär. Wie alle Eisbären war er am liebsten alleine und hatte gerne seine Ruhe. Das heißt nicht, dass er faul in der Gegend herumlag und Robbenbabys zählte. Nein, so war es nicht. Norbert mochte einfach keinen Trubel, kein Durcheinander und schon gar kein Remmidemmi. Und davon gab es hier in Grönland neuerdings viel zu viel. Alle naselang kreuzten riesige Schiffe mit lauter aufgeregten Touristen auf, die durch Norberts weiße

Einsamkeit stapften und »Ah!« und »Oh!« riefen. Das Schlimmste aber waren die Fotos: Kaum hatte ein Tourist Norbert erspäht, klickte und blitzte es aus zahllosen Kameras. Dem armen Eisbären wurde ganz schwindelig davon. Er hatte genug. Hier wollte er nicht länger bleiben. Norbert packte seine Siebensachen und machte sich auf zum Nordpol. Denn dorthin, so hatte er gehört, verirrten sich höchstens mal ein paar Polarforscher. Sonst war am Nordpol nichts. Nur weiße, weite Ruhe, so wie Norbert es gernhatte. Per Eisschollenexpress schipperte Norbert zum Nordpol und fand dort genau das, was er suchte. In der stillen Eis-

landschaft entdeckte er eine Höhle. Dort verstaute er sein Hab und Gut und lebte glücklich in den Tag hinein, wie er es sich immer gewünscht hatte.

Doch eines Morgens im Dezember war es plötzlich aus mit Norberts schöner Eisbärruhe.

Er wurde von fröhlichem Gesang aus dem Schlaf gerissen. Fröhlicher Gesang konnte einem Eisbären ganz miese Laune machen, besonders wenn er eben noch tief und fest geschlafen hatte. Vorsichtig öffnete Norbert ein Auge. Sollte es nicht eigentlich stockfinster sein? Aber nein, da flackerte ein Licht. Missmutig stand Norbert auf und schaute nach draußen. Nicht weit entfernt von seiner Höhle stand ein Hügel. Oder besser: Dort hatte gestern noch ein Hügel gestanden. Nun war da ein komisches, rundes Haus aus rotem Holz. Kleine Wichte hantierten mit Besen und Schaufeln herum, um es vom Schnee zu befreien. Und dabei sangen sie!

»He!«, brüllte Norbert. Doch die Wichte hörten nicht auf, sondern arbeiteten fröhlich singend weiter. Ein paar winkten freundlich.

Norbert blieb nichts anderes übrig, als zu ihnen zu gehen. »He, was soll das!«, schimpfte er. »Was ist das für ein Haus?«

»Das ist das Haus vom Weihnachtsmann!«, sagte ein Wicht.

»Vom Weih-was?«, fragte Norbert.

»Weih-nachts-mann. Hier macht er die Geschenke für die Kinder.

An Heiligabend fliegt er davon und verteilt sie«, erklärte der Wicht.

»Wann ist Heiligabend?«, fragte Norbert, in der Hoffnung, diesen Weihnachtsmann mit seinen Wichten bald wieder los zu sein.

»In genau 24 Tagen«, riefen die Wichte munter.

24 Tage! So lange würden diese wuselnden Männchen hier herumlaufen und singen und werkeln und weiß die Möwe was noch tun? Nicht mit Norbert!

»Ich will diesen Weihnachtsmann sprechen«, forderte Norbert entschlossen. »Sofort!«

In diesem Moment trat ein großer, weißbärtiger Mann im roten Mantel aus dem Haus heraus. Das musste er sein.

»Lieber Norbert«, sagte der Weihnachtsmann herzlich, »ich habe etwas für dich.«

Er überreichte dem Eisbären eine Platte, auf der 24 kleine Türen waren.

»Das ist dein Ach-wenn's-Kalender.«

»Mein was?«, fragte Norbert verdutzt.

Der Weihnachtsmann lächelte. »Genauer gesagt: dein ›Ach-wenn's-doch-schon-vorbei-wär-Kalender‹. Er hat 24 kleine Türen. Jeden Tag öffnest du eine davon. Wenn du die letzte geöffnet hast, werde ich mit meinem Rentierschlitten davonfliegen und erst im nächsten Jahr wiederkommen. Dann hast du wieder deine Ruhe. Auf gute Nachbarschaft!«

Norbert wollte keine Nachbarn. Und schon gar nicht solche verrückten. Mit Polarforschern wäre er ausgekommen, die hockten sowieso nur an ihren Messgeräten. Aber die hier? Die waren ja schlimmer als zehn Kreuzfahrtschiffe auf einmal. Doch wenn es nur für 24 Tage war … Neugierig schaute Norbert auf die kleinen Türchen.

»Du kannst die erste Tür schon öffnen!«, sagte der Weihnachtsmann.

Das tat Norbert. Die Tür war winzig, aber nanu? Wie von Zauberhand flog plötzlich ein dicker Fisch heraus. Norbert lief das Wasser im Mund zusammen. Schließlich sind Eisbären immer hungrig!

»Dies«, sagte er kurz darauf mit vollen Backen, »ist der beste Fisch, den ich je gegessen habe!«

Der Weihnachtsmann nickte zufrieden. »Jetzt hast du jeden Tag etwas, auf das du dich freuen kannst.«

Er drehte sich um und ging ins Haus zurück. Norbert seufzte. 24 Tage also. Was wohl morgen aus der kleinen Tür herauskommen würde?

Am nächsten Tag trugen die Wuselwichte allerlei Krims-krams in die Werkstatt und weckten Norbert erneut mit ihrem Gesang. Doch bevor er schlechte Laune kriegen konnte, fiel ihm sein Kalender ein. Diesmal kam eine saftige Makrele herausgeschossen. Noch 22 Tage …

Die Wichte bauten, packten und machten weiß die Möwe was. Norbert aber öffnete jeden Tag eine Tür und freute sich über den leckeren Fisch. Und schwuppdiwupp, waren 24 Tage vorbei.

Als er das letzte Türchen öffnete, schwebte ihm eine nagel-neue Angel entgegen. Daran hing eine Karte: »Fröhliche Weihnachten! Auf Wiedersehen im nächsten Jahr!«

Im gleichen Moment flog der Rentierschlitten mit Glöck-chengeklingel und Weihnachtsremmidemmi über Norberts Kopf hinweg und hoch in die Wol-ken hinauf. Dann war es still.

»Endlich wieder Ruhe«, seufzte Norbert. Aber seine neue Angel hielt er ganz fest. Vielleicht würde er den Weihnachtsmann im nächsten Jahr einfach mal besuchen.

Räuberweihnacht

Einst hausten im Wald von Winkelschreck acht unausstehliche, ungewaschene, ganz und gar ungezogene Räuber. So fies und gemein waren die, dass sich kaum noch jemand in den Wald wagte. So mancher hatte schon seinen Geldbeutel, sein Pferd, ja sogar seine Kleider an die Lumpenbande verloren. Nichts war ihnen heilig. Nicht mal der Heilige Abend! Selbst da lärmten die Räuber wüst im Wald herum und warteten auf eine Gelegenheit, irgendeinen armen Kerl zu ärgern.

Stattdessen erblickte Räuberhauptmann Richard Rübenklotz ein Schimmern zwischen den Bäumen.

»Ho, ho, Männer, wenn das mal kein Schatz ist!«, brüllte er.

Gierig rannten die Räuber zu der leuchtenden Stelle – und trauten ihren Augen nicht. Da lag ein kleiner Mensch im Schnee, nur mit einem schimmernden Nachthemd bekleidet. Er zitterte vor Kälte. Auf seinem Rücken befanden sich zwei silbrige, fast durchsichtige Engelsflügel. Jedoch: Was ein Engel war, das wussten die Räuber nicht!

Still betrachteten die Männer den Kleinen. Schließlich räusperte sich Rübenklotz. »Potzblitz, der bringt uns keine Beute! Lassen wir ihn liegen.« Doch keiner der Räuber rührte sich. Auch Richard Rübenklotz spürte, wie etwas nach seinem Herzen griff und ihn ganz traurig machte. So

brummte er verlegen: »Der Knilch erfriert noch hier draußen. Wir bringen ihn in unsere Räuberhöhle, was, Männer?«
Damit waren alle einverstanden. Rübenklotz wickelte den
kleinen Engel vorsichtig in seinen warmen Fellumhang und
trug ihn zur Räuberhöhle. Dort legten die Räuber ihn ans
warme Feuer und warteten.

Als der kleine Engel erwachte, nieste er dreimal laut. Aufgeregt sah er sich um. Vor ihm saßen die acht verlausten,
lumpigen Räuber. Das Feuer knisterte und beleuchtete eine
Räuberhöhle, die aussah, wie eine Räuberhöhle eben aussieht: Kraut und Rüben, drunter und drüber, noch nie ge-
putzt – wie ein Schweinestall.

»Oh weh.« Der kleine Engel begann fürchterlich zu weinen.
»Jetzt verpassc ich Weihnachten, nur weil ich
mich verflogen habe«,
schluchzte er.

Etwas weniger Weihnachtliches als diese Räuberhöhle gab es in der Tat nicht!

»Moment mal«, protestierte Rübenklotz, »wir haben dich immerhin gerettet! Kein Grund, hier zu heulen!«

Doch der Engel weinte und weinte. Träne über Träne rann über seine Wange. Den Räubern wurde ganz elend zumute.

»Können wir dir irgendwie helfen?«, fragte schließlich Messer-Klaus.

Nie zuvor hatten diese Räuber jemandem ihre Hilfe angeboten! Aber sie waren ja auch noch nie einem Engel begegnet.

Der Engel seufzte. »Ich würde so gerne Weihnachten feiern!«

»Wie macht man das denn?«, fragte Rübenklotz.

Der Engel schaute sich um. » Erst einmal aufräumen und alles schmücken«, sagte er entschieden.

Die Räuber zögerten. Aufräumen? Ein Räuber räumt nicht auf! Doch als der Engel erneut anfing zu weinen, sprangen alle auf und begannen, die Höhle zu schrubben. Sie hatten viel zu tun. Den Müll nach draußen bringen, ihre Beute ordnen und Tannenzweige aufhängen. Die Räuber stritten sich zwar die ganze Zeit, doch dann war die Höhle blitzsauber und geschmückt.

Der Engel war noch nicht zufrieden. »Jetzt müsst ihr euch hübsch machen.«

»Müssen wir uns waschen?«, fragte Schwarzohr-Kalle ängstlich. Der Engel nickte bestimmt. Schimpfend und fluchend hüpften gleich darauf acht nackte Räuber durch den Schnee

und rubbelten sich den Dreck vom Leib. Danach zogen sie sich ein paar von den erbeuteten Kleidern an. Die stanken immerhin weniger als ihre eigenen. Dafür passten sie nicht so gut. Aber das ist einem Räuber schnuppe, solange nichts kneift.

»Und jetzt?«, fragte Rübenklotz. Er hatte sich sogar einen Scheitel in sein wüstes Räuberhaar gekämmt.

Der Engel klatschte in die Hände: »Jetzt müsst ihr euch gegenseitig eine Freude machen! Schenkt euch etwas!«

Oje! Räuber rauben. Sie wissen nicht, was Schenken ist. Der Engel erklärte es ihnen. Und so umarmte Rübenklotz wenig später den Kappen-Kurt, der ihm seine einzigen dicken Socken geschenkt hatte. »Weil du doch nachts immer so kalte Füße kriegst, Chef!«, sagte Kappen-Kurt verlegen.

Schmodder-Uwe gab Schlangen-Rudi die Gürtelschnalle,

um die sich die beiden beim letzten Überfall gestritten hatten. Bolle der Beißer machte vor Freude einen Luftsprung, als ihm Latten-Lutz den hölzernen Wolf schenkte, den er einen Monat lang geschnitzt hatte. Am Ende saßen alle Räuber mit ihren neuen Sachen am Lagerfeuer und sahen gar nicht mehr grimmig, sondern glücklich aus. Und das ohne Raub und Rüpelei!

»Ich glaube, ich habe mich gar nicht verflogen«, flüsterte der Engel fröhlich. Aus Freude sang er ein Weihnachtslied. Das hallte ganz wunderschön durch die blitzsaubere Räuberhöhle. Das Lied war ganz allein für die Räuberbande bestimmt, die ihn gerettet hatte.

Seit diesem Tag putzen die Räuber einmal im Jahr ihre Höhle und waschen sich. Sie hängen Tannenzweige auf und feiern Weihnachten. Mit allem Drum und Dran! Sogar das Weihnachtslied des kleinen Engels hallt dann von rauen Räuberstimmen gesungen durch den Wald von Winkelschreck.

Den Rest des Jahres rauben sie, was das Zeug hält. Das tun Räuber eben. Und doch: In Winkelschreck erzählen sich die Leute neuerdings, wie Rübenklotz einmal seine ganze Beute zwei armen Waisenkindern geschenkt hat. Oder wie die Räuber die Eselskarre der Witwe Ludwig aus dem Graben gezogen haben.

Wer weiß: Vielleicht haben ja auch diese Räuber ein Herz?

Eine wunderbare Weihnachtsüberraschung

Es ist Heiligabend. Na ja, noch nicht ganz – eher Heilig-
nachmittag. Mama steht in der Küche und sagt schlimme
Wörter. Julian wartet ungeduldig auf das Christkind. Das
kommt ja immer erst so spät – abends halt, also in ungefähr
genau 500 Stunden!

»Mama«, sagt Julian, »man flucht nicht an Heiligabend!«
Mama seufzt. »Ach, Julian. Ich wollte doch einen Kuchen
backen. Tante Cornelchen kommt morgen. Aber jetzt fehlt
mir ein Ei. Könntest du zu Herrn Huber gehen und ihn fragen, ob er noch eins dahat?«

Das macht Julian gerne. Herr Huber ist der nette alte Mann,
der in der Nachbarwohnung wohnt.

Wenn man bei Herrn Huber klingelt, dann hört man kein
einfaches Brrrring, sondern eine ganze Melodie. Das klingt
schön, findet Julian. Deshalb klingelt er gleich zweimal.
Dann macht Herr Huber die Tür auf.

»Hallo, Julian, willst du mir Frohe Weihnachten wünschen?«, fragt Herr Huber freundlich.

»Nein«, sagt Julian, »eigentlich möchte ich fragen, ob Sie
noch ein Ei für meine Mama haben. Dann muss sie nicht
immer das Sch-Wort sagen.«

Herr Huber lacht. »Komm rein, ich habe bestimmt noch
eins da.«

Julian geht ins Wohnzimmer. Dort steht Herr Hubers Weih-

nachtsbaum. »Oh!«, staunt Julian. »Der ist aber toll geschmückt!«

An dem Baum hängen lauter kleine Engel aus Gold- und
Silberpapier. Ihre zarten Flügelchen sind aus durchsichti-
gem Stoff und ihre Köpfchen aus kleinen Holzkugeln. Jeder
Engel sieht ein wenig anders aus. Dazwischen hängen
durchsichtige Glaskugeln wie große, schillernde Seifenbla-
sen.

Herr Huber kommt mit dem Ei aus der Küche. »Die Engel
habe ich selbst gemacht – ich habe ja
genug Zeit dafür. Und schau,
die Kerzen sind aus echtem
Bienenwachs, das duftet so
schön, wenn ich sie spä-
ter anmache.«
»Bei so einem schö-
nen Baum bringt
Ihnen das

Christkind bestimmt ganz besonders viele Geschenke!«, sagt Julian.

»Ach, weißt du«, sagt Herr Huber, »das Christkind muss so vielen Kindern Geschenke bringen, da hab ich es ab- bestellt. Ich brauche ja gar nichts. Ich freue mich über meinen schönen Baum und feier ein bisschen für mich alleine.«

Julian kann es nicht fassen. Keine Geschenke? »Kriegen Sie denn gar keinen Besuch?«, fragt er ungläubig.

»Du besuchst mich doch gerade!«, sagt Herr Huber. Und guckt dabei ein bisschen traurig.

Als Julian mit dem Ei in der Hand im Hausflur steht, hat er eine Idee. Er läuft zu Mama und gibt ihr das Ei.

Dann flitzt er schnell aus der Küche. »Mama, ich geh noch mal zu Lu und Tommi hoch!«, ruft er. Bevor Mama über- haupt was sagen kann, ist er schon wieder durch die Tür.

Oben bei den Matzens klingelt Julian Sturm. Brrring, brring, brrring. Papa Matzen macht auf. »Ist etwas passiert?«, fragt er besorgt.

»Ich muss ganz dringend mit Lu und Tommi sprechen!«, ruft Julian und stürmt in die Wohnung.

Lu und Tommi sind in ihrem Kinderzimmer. Julian erzählt ihnen von Herrn Huber. »Er hat den schönsten Weihnachts- baum im ganzen Haus, aber er kriegt keine Geschenke und nicht mal Besuch! Das müssen wir ändern!«

Lu und Tommi nicken eifrig. Aber wie? Julian hat sich das

schon überlegt. »Jeder von uns sucht jetzt etwas ganz Schönes von seinen Sachen aus und packt es ein. Wenn das Christkind Herrn Huber keine Geschenke bringt, dann machen wir es eben! Wir treffen uns dann gleich im Flur!«

Wieder unten, denkt Julian darüber nach, was er Herrn Huber schenken könnte. Es soll ja schließlich etwas Tolles sein, damit sich Herr Huber auch freut. Julians Blick fällt auf sein kuscheliges Sonnenkissen. Das ist es! Ein Kissen braucht jeder, das kann Herr Huber auf sein Sofa legen. Dann hat er es beim Fernsehen oder Lesen ganz weich. Julian stibitzt heimlich eine Rolle Geschenkpapier aus dem Wohnzimmerschrank. Das Kissen einzupacken ist ganz schön schwer. Julian braucht ziemlich viel Geschenkpapier.

Dann hat er es geschafft. Lu und Tommi warten schon auf ihn.

»Ich schenke Herrn Huber meinen Bergkristall. Der glänzt und fühlt sich ganz glatt an!«, sagt Tommi und hält ein ziemlich knüddelig verpacktes Geschenk hoch.

»Ich schenke ihm das Kästchen mit den Muscheln aus unserem letzten Urlaub. Da kann er etwas Schönes reintun«, sagt Lu.

Das sind tolle Geschenke, findet Julian. Die drei klingeln an Herrn Hubers Melodieklingel. Als er öffnet, singen sie Ihr Kinderlein kommet. Es klingt ziemlich schief. Sie können auch nur die erste Strophe. Herr Huber weiß vor Überraschung gar nicht, was er sagen soll.

»Nanu«, meint er, »was macht ihr denn hier?«

»Wir sind Ihr Weihnachtsbesuch!«, sagt Lu.

»Wir bringen Geschenke«, sagt Julian.

»Ja, und wir wollen Ihren schönen Weihnachtsbaum sehen«, ergänzt Tommi.

Herr Huber führt die Kinder ins Wohnzimmer. Dort zündet er die Kerzen am Baum an. Die Seifenblasenkugeln funkeln.

»Was für süße Engel!«, sagt Lu.

»Und die Kerzen duften ganz toll!«, sagt Julian.

Herr Huber macht seine Geschenke auf. Das Kissen legt er gleich auf sein Sofa. »Jetzt habe ich immer Sonne im Haus«, sagt er lächelnd.

Den Bergkristall stellt er auf sein Regal. »Der erinnert mich an meinen letzten Bergurlaub.«

In das Muschelkästchen legt er ein paar Manschettenknöpfe. »Meine Glücksbringer, nun finde ich sie immer sofort wieder.«

Schließlich singen sie noch alle zusammen O Tannenbaum für Herrn Hubers schönen Weihnachtsbaum.

Dann nimmt Herr Huber drei Engel von den Tannenzweigen. »Die sind für euch. Weil das hier eine ganz wunderbare Weihnachtsüberraschung war.«

Es leuchtet so hell in schwarzer Nacht

In der Nacht, als dieses besondere Kind in einem Stall bei Bethlehem geboren wurde, da leuchtete ein Stern heller als alle anderen. So hell, dass die Hirten auf dem Feld wussten: Es ist etwas Gutes geschehen. So hell, dass drei weise Könige aus dem Morgenland den Weg bis zu dem Stall fanden und erkannten, dass von nun an das Leben vieler Menschen anders werden würde. Doch nicht nur Hirten und Könige sahen den Stern. Sondern auch viele Menschen, deren Geschichten ohne sein Leuchten vielleicht ganz anders verlaufen wären. Eine dieser Geschichten will ich nun erzählen.

Weit entfernt vom nächsten Dorf, in einer kleinen Hütte, lebten eine Mutter und ein kleines Mädchen. Das kleine Mädchen hieß Rahel und war kein besonders braves Mädchen. Aber ihre Mutter sagte immer: »Wenn es darauf ankommt, kann ich mich auf meine Rahel verlassen.«

Die beiden waren sehr glücklich in ihrer Hütte, obwohl sie arm waren und es oft nicht leicht hatten. Rahel liebte es, wenn sie abends an ihrem kleinen Ofen saßen. Das Feuer knisterte, und Rahels Mutter sang all die alten Lieder, die schon ihre Mutter ihr vorgesungen hatte. Am liebsten mochte Rahel das Lied von der Eule. Es war eigentlich ein Schlaflied, aber Rahel konnte es wieder und wieder hören, ohne auch nur ein bisschen müde zu werden. So schön fand sie es.

Doch eines Abends, im Winter, konnte Rahels Mutter plötzlich nicht mehr singen. Sie legte sich in ihr Bett und sagte: »Mir geht es nicht gut, kleine Rahel. Bitte halte den Ofen für mich warm.« Rahel hielt den Ofen warm. Und weil ihre Mutter nicht singen konnte, sang sie ihrer Mutter das Lied von der Eule vor.

»Morgen bist du bestimmt wieder gesund, Mama!«, sagte Rahel, als sie sich zu ihrer Mutter ins Bett legte. Aber am nächsten Tag ging es der Mutter noch schlechter, und als es Abend wurde, da war sie so schwach, dass sie nur noch flüstern konnte.

»Mein liebes Mädchen«, wisperte sie, »nimm unsere Ersparnisse und laufe ins nächste Dorf, um Doktor Levi zu holen. Ich brauche ganz dringend Medizin, sonst überstehe ich diese Nacht nicht!«

So schnell sie konnte, holte Rahel Mamas gespartes Geld aus einem

Topf im Küchenschrank, warf sich ihren warmen Umhang über und lief los. Draußen war tiefschwarze Nacht.

Der Weg ins Dorf führte durch einen dichten Wald. Noch nie war Rahel nachts in den Wald gegangen. Sie fürchtete sich. Dennoch lief sie tapfer weiter. Der Wind rauschte unheimlich in den Bäumen. »Für Mama«, murmelte Rahel. Leise summte sie das Eulenlied. Aber auch das half nicht. Im Wald war es so finster! Als hätte jemand alle Lichter gelöscht.

Nach einer Weile merkte Rahel, dass sie sich verlaufen hatte. »Wo bin ich nur?«, fragte sie leise. Und ihre eigenen Worte klangen ganz hohl und unheimlich in diesem schwarzen Wald. Rahel begann zu rennen, aber dadurch wurde ihre Angst noch größer. Plötzlich hörte sie direkt vor sich ein Heulen, dumpf und unheimlich. Schnell verkroch sich Rahel hinter einer großen Baumwurzel.

Ich werde es nicht schaffen, dachte sie, und Tränen stiegen in ihre Augen. Ich finde nie mehr aus dem Wald heraus.

Und genau in diesem Moment blitzte über den Baumkronen der Stern auf, strahlend hell. Der finstere Wald war auf einmal hell erleuchtet. Erstaunt stand Rahel auf und sah sich um. Auf einem Ast vor ihr saß eine große Eule. Natürlich! Das also war das dumpfe Heulen gewesen! Und dann geschah etwas Seltsames: Die Eule nickte Rahel zu und schwang sich

in die Luft. Ein Stück weiter blieb sie auf einem Ast sitzen und drehte ihren Kopf erneut zu dem kleinen Mädchen.

»Willst du, dass ich mitkomme?«, fragte Rahel. Vielleicht war das ja die Eule aus ihrem Lied?

Eilig folgte sie dem Nachtvogel, der von Ast zu Ast durch den Wald flog und ihr dabei immer wieder zunickte. Das Licht des Sterns strahlte hell durch die Baumkronen. Rahel hatte nun keine Angst mehr. Die Eule führte sie bis an den Waldrand. Von dort konnte Rahel die Lichter des Dorfes sehen, in dem Doktor Levi wohnte. Ein letztes Mal nickte die Eule Rahel zu. Dann flog sie davon.

»Danke, liebe Eule!«, rief Rahel ihr hinterher. Sie rannte hinunter ins Dorf. Der Stern beleuchtete ihren Weg, sodass sie kein einziges Mal stolperte. »Danke, lieber Stern!«, rief Rahel, als sie endlich vor Doktor Levis Haus stand. »Jetzt wird alles gut!«

Doktor Levi spannte sofort seinen Eselskarren an, als er hörte, wie krank Rahels Mutter war.

»Behaltet euer Geld«, sagte er gütig, »ich werde euch auch so helfen!«

Als die beiden schließlich bei der kleinen Hütte ankamen, war der leuchtende Stern bereits weitergezogen. Rahel stürmte ins Haus. Ihre Mutter lag fiebernd im Bett.

»Mama, Doktor Levi ist hier, ich habe es geschafft. Hast du den hellen Stern durch das Fenster gesehen?«, fragte Rahel aufgeregt und nahm die Hand ihrer Mutter.

»Ja«, flüsterte die Mutter schwach, »und als ich ihn sah, da wusste ich, dass du bald wieder bei mir sein würdest.«

Die Medizin vom netten Doktor Levi half Rahels Mutter. Schon am nächsten Tag ging es ihr etwas besser. Rahel musste zwar noch auf das Feuer im Ofen aufpassen. Doch das Eulenlied sang ihre Mutter wieder, noch hundertmal schöner, als sie es jemals zuvor gesungen hatte.

Rahel vergaß diese Nacht nie wieder. Und wann immer sie in ihrem Leben Mut fassen musste, schaute sie in den Sternenhimmel und summte leise das Eulenlied.

Das Schneemonster

Als Maja aufwacht, merkt sie sofort: Heute ist etwas anders als sonst. Das Licht in ihrem Zimmer ist heller, obwohl die Sonne gar nicht scheint. Aufgeregt springt sie aus dem Bett und läuft zum Fenster.

»Lenny, steh auf! Es hat geschneit! Juchhu!«, ruft sie und hüpft auf das Bett ihres Bruders. Lenny ist sofort hellwach. »Cool! Dann fahren wir heute Schlitten!«, sagt er.

»Aber erst bauen wir zusammen einen Schneemann«, sagt Maja. »Das hast du mir versprochen! Wenn der erste Schnee kommt, bevor Mama zurück ist, baust du mit mir einen Schneemann!«

Mama besucht nämlich für ein paar Tage Tante Pia und kommt erst am Abend nach Hause.

Lenny würde viel lieber sofort nach dem Frühstück Schlitten fahren. Aber versprochen ist versprochen. Daran hält sich ein großer Bruder. Er seufzt. »Na gut.«

Beim Frühstück mit Papa überlegt er: »So ein Schneemann ist doch voll langweilig. Sollen wir nicht lieber ein Schnee-monster bauen?«

Papa lacht. »Aber nicht, dass ihr den Postboten damit er-schreckt. Dann bringt er uns keine Weihnachtskarten mehr.«

Aber Maja findet Lennys Idee super. »Wie baut man denn ein Schneemonster?«, fragt sie.

Mit Mama baut sie jedes Jahr einen Schneemann, mit Mohr-

rübennase und Pudelmütze. Aber ein Schneemonster hat sie
noch nie gesehen.

»Los komm, ich zeig's dir!«, ruft Lenny. Jetzt ist er Feuer und
Flamme. »Dürfen wir aufstehen, Papa?«

Papa nickt und freut sich, dass er in Ruhe Zeitung lesen kann.

Maja und Lenny schlüpfen in ihre dicken Winterstiefel und
mummeln sich mit Mantel, Handschuhen und Wollmütze
ein.

»Als Erstes«, verkündet Lenny draußen, »machen wir eine
riesengroße Kugel für den Monsterbauch.«

Das ist anfangs ganz leicht. Lenny rollt eine kleine Kugel über den schneebedeckten Boden. Immer mehr Schnee bleibt daran pappen – bald ist die Kugel so groß, dass Maja beim Rollen helfen muss.

»So, das reicht«, sagt Lenny. Maja ist schon ganz aus der Puste. »Jetzt noch eine für den Kopf!«

Wieder geht die große Kugelrollerei los, aber diesmal wird die Kugel ein bisschen kleiner. Schwer ist sie trotzdem, als Maja und Lenny sie auf die Monsterbauchkugel heben. Maja ist enttäuscht. »Sieht aus wie 'n Schneemann«, sagt sie und betrachtet die weißen Kugeln.

»Ist ja noch nicht fertig«, beruhigt Lenny seine Schwester. »Jetzt brauchen wir Monsterfüße!«

Er läuft ins Haus und kommt wenig später mit den Tiger-tatzen-Pantoffeln wieder, die Mama mal geschenkt bekom-

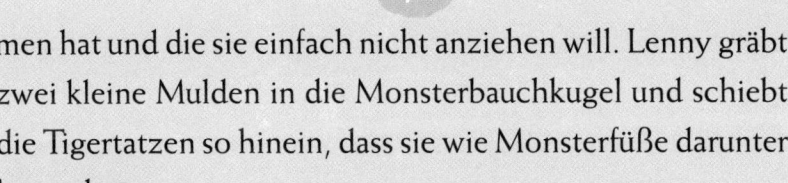

men hat und die sie einfach nicht anziehen will. Lenny gräbt zwei kleine Mulden in die Monsterbauchkugel und schiebt die Tigertatzen so hinein, dass sie wie Monsterfüße darunter hervorlugen.

»Was braucht ein Monster noch?«, fragt er dann.

»Zottelhaare!«, sagt Maja. Sie denkt nach. »Wir könnten etwas Stroh vom Kaninchenstall nehmen.«

Die Idee gefällt Lenny. Mit dem Stroh machen sie dem Schneemonster zunächst eine Wuschelfrisur, dann stecken sie Strohhalme rundherum in die Bauchkugel. So sehen sie aus wie Stachelhaare.

Aber das ist Lenny noch nicht monstermäßig genug. »Wir brauchen Krallen«, sagt er. »Und Zähne!«

»Au ja«, sagt Maja. »So wird das Monster richtig gruselig.«

Sie finden zwei Stöcke, die sich oben so gabeln, dass sie wie Krallenfinger aussehen. Die stecken sie dem Schneemonster rechts und links in seinen Stachelbauch. Als Mund nehmen sie ebenfalls einen Stock. Und Lenny sucht noch drei ganz spitze Steine.

»Meinst du, drei Zähne reichen?«, fragt er. Maja findet drei Zähne ziemlich gruselig.

Eine Möhrennase darf das Monster aber auf keinen Fall haben. Das wäre zu gewöhnlich!

»Eine Monsternase«, sagt Lenny, »muss krumm sein und knubbelig!«

In der Garage finden sie einen alten Zierkürbis. Krumm und knubbelig ist er, sogar mit Warzen drauf. Lenny hat noch eine Idee: Für die Augen nehmen sie die blinkenden Rücklichter, die Mama und Papa immer an ihren Fahrrädern befestigen. Fertig!

Die Nachricht vom Schneemonster in Majas und Lennys Garten verbreitet sich in Windeseile. Bald ist der ganze Garten voller Kinder aus der Nachbarschaft.

»Boah! Obergruselig!«, sagt Lennys Freund Ole. Maja ist stolz. Sie kann es gar nicht erwarten, Mama das tolle Schneemonster zu zeigen.

Der Tag vergeht wie im Flug. Als Lenny und Maja vom Schlittenfahren nach Hause kommen, ist es schon fast dunkel. Vor dem Schneemonster bleiben sie stehen. Lenny macht die Glühaugen an.

»Ganz schön unheimlich«, flüstert Maja.

Lenny grinst. »Ist halt ein richtiges Schneemonster.«

Die beiden gehen ins Haus. Kurz darauf hören sie einen lauten Schrei aus dem Garten. Erschrocken schaut Maja ihren Bruder an.

»Wird das Monster jetzt lebendig?«, fragt sie mit piepsiger Stimme. Lenny rennt mit Papa nach draußen. Sie knipsen das Licht im Garten an.

Da sitzt Mama neben ihrem Koffer im Schnee. Vor Schreck ist sie ganz blass geworden. Sie starrt das Schneemonster an.

»Was ist denn das?«, fragt Mama.

Maja läuft zu ihr. »Ein Schneemonster, Mama. Haben Lenny und ich gebaut!«

»Ist es gefährlich?«, fragt Mama.

»Es ist ein sehr ruhiges Monster«, sagt Maja zögernd. »Glaube ich.«

Da lacht Mama laut los und drückt Maja an sich. »Da habt ihr mich aber ganz schön erschreckt! Ein Schneemonster in meinem Garten, na, so was.«

Maja ist froh, dass Mama zurück ist. Morgen bau ich mit Mama noch einen richtigen Schneemann, denkt sie. Als Aufpasser für das Schneemonster. Sicher ist sicher.

Silvesterparty im Spukschloss

Holterdiepolter, der kleine Poltergeist aus dem Spukschloss von Poppelsburg, besuchte ab und zu den kleinen Kai. Ganz heimlich, versteht sich. Hier hatte er so viel Spaß! Er brachte Kais Zimmer durcheinander, versteckte Spielsachen oder hielt die Schranktür von innen fest. Um sie dann loszulassen, wenn Kai am festesten daran zog, sodass der auf seinen Popo plumpste.

Seit ein paar Tagen beobachtete der Geist allerdings merkwürdige Sachen bei Kai: Erst hing nur eine Schnur mit lauter Säckchen in Kais Zimmer. In denen waren Süßigkeiten. Holterdiepolter hatte in jedes einzelne hineingeschaut. Nach und nach verschwanden diese Säckchen wieder. Und als kein Säckchen mehr da war, gab es plötzlich einen großen Tannenbaum in der Wohnung, an dem Süßigkeiten, Sterne und Kugeln hingen. Holterdiepolter hängte noch ein paar schmutzige Socken dazu, was Kais Mutter gar nicht witzig fand.

Als Holterdiepolter das nächste Mal kam, hatte Kai ganz viele neue Spielsachen bekommen. Was war da los? Spukte hier etwa noch ein Geist in Kais Familie? Einer, der Geschenke mitbrachte? So eine Frechheit! Holterdiepolter war wütend! Doch gerade als er vor Wut eine Vase von der Fensterbank schubsen wollte, sagte Kais Mutter etwas Interessantes.

»In zwei Tagen ist Silvester. Da machen wir eine Party! Um Mitternacht begrüßen wir das neue Jahr!«

»Darf ich so lange aufbleiben?«, fragte Kai.

»Natürlich. Wir machen ein Feuerwerk, das wird dir gefallen!«

Party? Feuerwerk? Das wollte Holterdiepolter auch. Schnell flog er zurück zum Schloss. Eine Party fürs neue Jahr, das würde Leben in den alten Spukkasten bringen! Das war eine Spitzenidee von Kais Mama.

Leider konnte er nur Rudi, dem Tanzskelett, von der Idee erzählen, da die restliche Spukmannschaft nicht vor Mitternacht ansprechbar war.

»Super!«, lispelte Rudi begeistert. »Dann kann ich endlich meinen Spezial-Stepp vorführen, ich werde gleich üben.«

Auch die anderen Geister waren ganz aus dem Häuschen. »Für die Party brauche ich eine neue Robe!«, säuselte Conchita von Cordoba, eine Geisterdame aus dem spanischen Mittelalter, die sich irgendwie nach Poppelsburg verirrt hatte. »Ich werde meine Scharniere ölen!«, dröhnte Richard, der unsichtbare Ritter in der Rüstung. Die drei Burggespenster wollten auf der Stelle zeigen, dass sie als Gespensterchor Eins-a-Tanzmusik machen konnten.

Der schlammige Wassergnom aus dem Burggraben spielte seine Fidel dazu, die sich immer anhörte, als würde man den bösartigen Burgkater am Schwanz ziehen. Einer tollen Spukparty stand also nichts im Wege! Außer, dass alle noch zwei Tage auf Silvester warten mussten.

Am Silvesterabend wurde Holterdiepolter fast verrückt vor Ungeduld. Warum gingen die Zeiger der großen Standuhr immer so viel langsamer, wenn man dringend auf die Geisterstunde wartete? Endlich schlug es zwölf, und die Partygäste erschienen. Rudi fiel vor lauter Lampenfieber fast in Ohnmacht. Holterdiepolter startete ein Feuerwerk, dass das Schloss wackelte. Blitze zuckten durch den Festsaal, und der Kamin explodierte. Es war so laut,

dass man das Ah! und Oh! der Gäste gar nicht hörte. Ritter Richard zündete zum Abschluss noch die Kanone. Die Kugel flog direkt durch eins der Gespenster hindurch und riss ein Loch in die Burgmauer. »Ups, 'tschuldigung!«, murmelte der Ritter.

Als das Feuerwerk vorüber war, fielen sich alle stürmisch um den Hals und wünschten sich ein frohes neues Jahr. Nur das Gespenst ohne Kopf machte nicht mit. Und dann kam endlich Rudis großer Auftritt.

»Freunde!«, rief Holterdiepolter. »Hier kommt Rudis Spezial-Stepp – ein Geistertanz wie kein anderer!«

Die Burggespenster stimmten ihren Gesang an, und Rudi tanzte über die lange Festtafel. Seine Knochen klapperten dabei im Takt.

»Das ist das Spukigste, was ich je gesehen habe«, raunte der Wassergnom Conchita zu, die andauernd »Bravo!« rief.

Am Ende machte Rudi eine Pirouette, sprang hoch – und blieb dabei an dem großen Kronleuchter hängen, der über dem Tisch angebracht war.

Alle applaudierten wie verrückt, und Rudi am Kronleuchter strahlte stolz.

Es dauerte eine Weile, bis die drei Burggespenster ihn wieder heruntergeholt hatten. Aber dann gab es kein Halten mehr! Die ganze Spukgesellschaft von Poppelsburg tanzte durch den Saal – der Wassergnom mit Fidel, Rudi mit Conchita und Holterdiepolter mit dem unsichtbaren Ritter in der Rüstung. Obwohl der mit seinen Metallfüßen kein besonders guter Tänzer war. Der bösartige Kater tanzte lieber allein. Und die Gespenster heulten Eins-a-Tanzmusik dazu.

Dann schlug die Uhr eins. »Ich muss mich leider verabschieden!«, säuselte Conchita seufzend.

»Frohes neues Jahr!«, heulten die drei Burggespenster und verschwanden in ihrer Truhe. Die Ritterrüstung erstarrte einfach, wo sie gerade stand. Der Wassergnom sprang zurück in seinen schlammigen Burggraben. Rudi saß glücklich an der Festtafel, den Kater auf dem Schoß.

»Ich werde ein großer Star!«, sagte er träumerisch.

Aber Holterdiepolter wollte noch nicht aufhören. Es war doch gerade so lustig. Er rollte mit den Augen. »Ihr seid alle so langweilig. Ich gehe jetzt noch zu Kais Party!« Und er schwebte davon.

Doch als Holterdiepolter bei Kai ankam, lag auch der schon schlafend im Bett. Holterdiepolter versteckte Kais Pantoffeln. »Ein frohes neues Jahr, Kai!«, sagte er und kicherte. Aber ganz freundlich. Dann flog er zurück zum Spukschloss.

91

8-Minuten-Geschichten

Engel sein ist ganz schön schwer

Ella kann nicht schlafen. Heute haben sie für die Weihnachts-aufführung im Kindergarten geprobt. In diesem Jahr führen die Vorschulkinder ein Krippenspiel auf. Ella soll den Engel spielen, der den Hirten verkündet, dass im Stall der kleine Jesus geboren worden ist. Aber bei der Probe hat Ella andau-ernd ihren Text vergessen. Außerdem sind ihre Engelsflügel immer wieder verrutscht. Und einmal ist sie über eines der Schafe gestolpert. Das war zwar nur aus Holz und Stoff, und Ella hat sich auch gar nicht wehgetan, aber alle haben gelacht. Engel sein ist ganz schön schwer!, denkt Ella.
Andrea, ihre Erzieherin, hat gesagt: »Wenn bei der Probe alles schiefgeht, dann wird die Aufführung umso besser.«
Und Mama hat gesagt: »Du bist bestimmt ein toller Weih-nachtsengel.«
Aber Ella ist sich da nicht so sicher. Während sie im Bett liegt und grübelt, hört sie plötzlich ein Geräusch vor ihrem Fenster. Ob das die Katze von nebenan ist? Vorsichtig zieht Ella das Rollo ein bisschen hoch und späht in den Garten. Zunächst kann sie nichts erkennen. Aber dann bemerkt sie etwas unter dem kahlen Magnolienstrauch. Dort sitzt ein kleiner Junge mit strubbeligen blonden Haaren und einem weißen Hemd. Er hat eine Umhängetasche dabei. Und Flü-gel auf dem Rücken. Ist das etwa ein Engel?
Ella öffnet vorsichtig das Fenster.

»Hallo«, ruft sie leise hinüber. »Wer bist du?«
Der Junge springt erschrocken auf. Dann entdeckt
er Ella und lächelt. Lautlos huscht er zu ihr rüber und
setzt sich auf die Fensterbank.
»Hallo! Ich heiße Manuel«, sagt er.
»Ich heiße Ella«, sagt Ella. »Bist du ein Engel?«
Manuels Gesicht verfinstert sich. »Ja. Aber ich habe über-
haupt keine Lust mehr dazu! Immer müssen wir nett sein und
brav. Wir müssen Engelslieder singen und Weihnachtsmusik
machen. Ich würde so gerne einfach mal Unfug treiben!
Oder faulenzen! Oder spielen!«
»Engel sein ist schwer, oder?«, fragt Ella.

»Das kannst du laut sagen!«, sagt Manuel. »Und ganz schön doof!«

»Aber singen und Musik machen ist doch toll«, versucht Ella Manuel aufzumuntern.

»Ja«, gibt Manuel zu. »Aber irgendwie ist es immer das Gleiche.«

Ella nickt. »Ich kann das verstehen. Ich soll auch ein Engel sein.« Sie erzählt ihm von dem Krippenspiel und davon, dass sie gar nicht weiß, wie aus ihr ein guter Engel werden soll.

»Ach, dabei kann ich dir helfen«, sagt Manuel. »Ich weiß ja, wie das geht.«

Ellas Herz macht vor Freude einen Hüpfer. »Und ich, ich kann dir zeigen, wie man spielt und faulenzt und Unfug macht. Darin bin ich gut!«

Manuel springt in ihr Zimmer. »Hurra, das ist eine super Idee! Wir fangen gleich morgen damit an.«

Ella krabbelt in ihr Bett. Sie merkt, wie müde sie eigentlich ist. Wie gut, dass morgen Wochenende ist!

»Manuel?«, fragt sie. »Singst du mir noch ein Engellied? Zum Einschlafen?«

Manuel nickt. Er setzt sich zu Ella auf die Bettkante und singt ihr ein wunderschönes Lied, von einer Blumenwiese, auf die der Mond scheint. Im Nu ist Ella eingeschlafen.

»Bis morgen«, sagt Manuel leise und schwebt zum Fenster hinaus.

Am nächsten Morgen ist Ella ganz zappelig beim Frühstück. Sie will, so schnell es geht, wieder in ihr Zimmer, um auf

Manuel zu warten.
Oder hat sie das
gestern nur geträumt?
Endlich darf sie aufstehen.
Sie rennt in ihr Zimmer.
Ob Manuel schon war-
tet? Aber er ist gar nicht
da. Enttäuscht lässt sich
Ella auf ihren Spielteppich
plumpsen. Bestimmt kommt er
auch nicht. Bestimmt hat sie sich alles
nur eingebildet.

Da klopft jemand an ihr Fenster!

»Manuel«, ruft Ella. Sie öffnet das Fenster und lässt den Engel herein.

Der klatscht in die Hände. »Was spielen wir?«, fragt er.

»Wir können ein Schloss für meine kleinen Puppen bauen«,
schlägt Ella vor.

»Au ja!«, sagt Manuel begeistert.

Sie legen gleich los. Ella zeigt Manuel, wie man die Steine
ineinandersteckt, damit die Mauern auch schön stabil werden. Das Schloss wird so riesig, dass alle Puppen Platz darin
haben. Manuel greift in seine Umhängetasche und holt eine
kleine Trompete heraus.

»Die Schlosstrompete«, ruft er und spielt ein Weihnachtslied.

Da klopft es an der Tür. Schnell versteckt sich Manuel hinter dem Schrank. Mama schaut herein.

»Was ist denn hier los?«, fragt sie.

Ella schaut ihre Mama unschuldig an. »Och, ich hab nur eine CD gehört. Hab sie schon wieder ausgemacht«, sagt sie.

»Wenn du Musik hörst, mach sie bitte nicht ganz so laut«, sagt Mama.

Als Mama wieder weg ist, kommt Manuel kichernd aus seinem Versteck. »Das war lustig!«, sagt er.

Ella ist etwas eingefallen. »Wenn dir das Engelsein zu langweilig ist, dann könntest du ja auch mal etwas anderes spielen

als Weihnachtslieder. Dann hast du mehr Abwechslung.«
Manuel nimmt seine Trompete. Er spielt die Melodie des
Schlafliedes, das er Ella vorgesungen hat. Das hat er noch nie
probiert. Warum eigentlich nicht? Es macht so viel Spaß!
»Jetzt faulenzen wir«, ruft Ella, als er fertig ist. Sie holt ihre
rote Kuscheldecke und die Fruchtgummischlangen aus ih-
rem Adventskalender. Dann macht sie noch ein Hörspiel an.
Zusammen liegen die beiden unter der kuscheligen Decke
und machen Schlangenwettessen. Dabei hören sie eine
Weihnachtsgeschichte.
»Ist das gemütlich«, sagt Manuel. Doch bald wird ihnen das
Faulenzen zu langweilig.
»Wir wollten doch noch Unfug machen!«, sagt Ella.
Sie zieht Mantel, Mütze, Schal und Handschuhe an.
»Wir treffen uns vor dem Haus«, sagt sie.
Dort erklärt Ella, was sie vorhat: »Wir schleichen uns beim
Nachbarn an, sodass uns keiner sieht. Dann klingeln wir und
rennen ganz schnell weg. Das nennt man Klingelmäus-
chen!«
Manuel findet, dass das nach großartigem Unfug klingt. Er
darf als Erster klingeln. Frau Klipp kommt heraus und sieht
sich erstaunt um: »Nanu, keiner da?«, fragt sie verblüfft.
Manuel und Ella sitzen hinter einer Hecke und lachen
sich kaputt. »Ich klingel noch mal«, sagt Ella.
Als Frau Klipp dieses Mal die Haustür öffnet, ruft
sie genervt: »Wenn da schon wieder einer bei
mir Klingelmäuschen macht, dann soll der

doch bitte ganz schnell damit aufhören!«

Manuel und Ella prusten los. »Das macht ganz schön viel Spaß!«, sagt Manuel.

»Wenn es dir im Himmel zu langweilig wird«, sagt Ella, »dann kannst du mich einfach besuchen kommen. Dann machen wir Quatsch, und du bist wieder gerne Engel.«

Manuel nickt. So schlimm ist es ja gar nicht im Himmel. Aber ab und zu ein bisschen Unfug treiben, spielen und faulenzen muss doch sein!

»Aber jetzt zeig ich dir, wie du ein guter Engel wirst«, sagt Manuel.

Ella ist gespannt. Sie erklärt Manuel genau, was sie bei der Weihnachtsaufführung machen muss. Und dass sie sich den Text einfach nicht merken kann.

»Du singst doch gerne, oder?«, fragt Manuel.

»Ja, ich kenne ganz viele Lieder«, sagt Ella stolz.

»Kennst du *Vom Himmel hoch, da komm ich her*?«, fragt Manuel.

Ella singt das Lied. Das ist einfach, das haben sie im Kindergarten geübt.

Manuel strahlt. »Du singst fast so schön wie ein Engel. Sing doch einfach das Lied bei eurer Aufführung. Alle werden staunen, wenn der Engel plötzlich singt.«

Das ist ein guter Plan! Wenn Manuel sagt, dass sie wie ein Engel singt, dann stimmt das auch. Er muss es schließlich wissen.

Manuel holt etwas aus seiner Tasche. Es sind zwei Engels-

flügel. Sie sind fast durchsichtig und glitzern golden. Ella probiert sie an. Sie passen wie angegossen!

»Die habe ich für dich gebaut«, sagt Manuel. »Die verrutschen garantiert nicht.«

»Danke«, sagt Ella glücklich. »Die sehen aus wie echt.«

Manuel hängt sich seine Tasche um. »Ich muss wieder zurückfliegen. Sicher vermissen mich die anderen schon. Bis bald, Ella!«

Jetzt kann Ella es gar nicht mehr abwarten bis zur Weihnachtsaufführung. Die ganze Zeit übt sie ihr Lied, und es klingt immer besser. Am Tag der Aufführung ist sie schon ganz früh wach und zieht ihr Engelskostüm mit den Flügeln von Manuel an.

»Du siehst wirklich hübsch aus«, sagt Mama stolz.

Dann kommt Ellas großer Auftritt! Sie geht ohne Stolpern auf die Bühne. Andrea liest den Satz vor: »Und der Engel sprach.« Das ist Ellas Stichwort. Mit klarer Stimme singt sie das Lied. Andrea guckt überrascht. Dann lächelt sie. Als Ella fertig ist, klatschen alle ganz laut. Aufgeregt stolpert Ella doch noch einmal über das Schaf, aber diesmal lacht keiner. Hinten, an einem Fenster, sitzt Manuel und winkt. Engel sein ist gar nicht schwer, denkt Ella und winkt zurück.

Keine stille Nacht

Weihnachten war an sich schon ziemlich toll – aber dass in diesem Jahr der Kater der Wilhelms über Weihnachten bei Luna und Oskar wohnen durfte, machte Weihnachten obertoll. Herr und Frau Wilhelm fuhren nämlich über die Feiertage in den Skiurlaub. Wie alle halbwegs normalen Katzen konnte Kater Karlchen kein Ski fahren und brauchte daher eine Bleibe. Papa hatte protestiert, als Mama angeboten hatte, sich um Karlchen zu kümmern. Papa mochte keine Katzen. Doch Luna und Oskar waren gleich Feuer und Flamme.

»Ich wollte schon immer eine Katze haben!«, sagte Oskar.

»Katzen sind sooo süß!«, sagte Luna. »Bitte, Papa, dann haben wir auch mal ein Haustier!«

Und da war Papa überstimmt. Also brachten Herr und Frau Wilhelm ihr Karlchen einen Tag vor Weihnachten vorbei, zusammen mit seinen Futterdosen, einem kleinen Kratzbaum, Katzenkeksen und dem Katzenklo.

Karlchen stolzierte erst einmal durch die ganze Wohnung und sah sich alles genau an. Dann strich er schnurrend um Papas Beine.

Papa guckte streng: »Ich hoffe, du hast keine von diesen Katzenflausen im Kopf, Karlchen«, sagte er. »Zerkratz mir bloß nicht meinen Sessel!«

Aber Karlchen war ein ganz lieber Kater. Er ließ sich streicheln, kratzte an seinem Kratzbaum und spielte mit einem Bällchen, das Luna für ihn aus ihrer Spielzeugkiste gefischt hatte. Abends fraß er brav sein Futter, und wenn er musste, ging er aufs Katzenklo.

Doch dann kam Heiligabend. Luna und Oskar waren furchtbar aufgeregt. Sie räumten ihre Zimmer blitzblank auf und zogen sich ihre besten Sachen an. Oskar ließ sich sogar von Luna die Haare kämmen. Luna versuchte auch Karlchen das Fell zu kämmen, doch der schien dazu keine Lust zu haben und versteckte sich maunzend unter ihrem Bett.

Mama schaute

ins Zimmer. »Ihr seht aber hübsch aus, ihr zwei! Zieht doch bitte eure Schuhe an, wir gehen gleich zum Krippenspiel.« Karlchen schaute interessiert zu, wie die Kinder ihre Schuhe zubanden. Besonders Lunas Schnürsenkel fand er spannend, und er versuchte, ihn mit der Pfote zu erwischen.

»Lass das, Karlchen!«, sagte Luna und lachte. Der Kater ist auch ganz aufgeregt, dachte sie. Bestimmt weiß er, dass Weihnachten ist! Ob das Christkind ihm auch ein Geschenk bringt?

Beim Krippenspiel gab es in diesem Jahr einen richtigen Engelschor. Der sang so schön! Doch Oskar rutschte die ganze Zeit auf der Bank hin und her. Er mochte das Krippenspiel, aber die Bescherung gefiel ihm noch besser, und er verstand gar nicht, warum das Christkind immer erst abends kam. Ob er die Ritterburg bekommen würde, die er sich so sehr wünschte?

Endlich standen alle auf und sangen *Stille Nacht, heilige Nacht.* Oskar sang besonders laut mit, denn das war wie jedes Jahr das letzte Lied vom Krippenspiel.

Als sie endlich nach Hause kamen, schickte Mama die Kinder ins Bad.

»Geht noch einmal auf die Toilette und wascht euch die Hände. Papa und ich sehen mal nach, ob das Christkind schon da war!«, rief sie.

Luna und Oskar trödelten und wuschen sich die Hände extra lange. Karlchen lag auf dem flauschigen Badezimmerteppich und zog mit seinen Krallen Fäden daraus.

»Karlchen, du machst noch den ganzen Teppich kaputt«, schimpfte Luna.

Und endlich klingelte das kleine Weihnachtsglöckchen, mit dem Mama sie immer zur Bescherung rief.

Die Kinder rannten durch den Flur Richtung Wohnzimmer. Fast wäre Oskar dabei über Karlchen gestolpert, der ebenfalls mitflitzte.

Luna liebte diesen Moment, wenn sie ins Wohnzimmer kamen und alle Kerzen am Baum brannten. Dieses Jahr hatten sie das erste Mal echte Kerzen, weil Mama fand, dass Oskar und Luna nun groß und vernünftig genug dafür waren. So schön hatte der Baum noch nie ausgesehen! Die Kugeln glänzten im flackernden Kerzenschein, und die Girlanden aus Goldpapier, die Luna und Oskar gebastelt hatten, leuchteten, als wären sie aus echtem Gold. War das schön! Luna wurde ganz feierlich zumute. Als Papa *O Tannenbaum* anstimmte, lief ihr eine richtige Gänsehaut über den Rücken. Beim Singen schaute sie sich all die schönen Päckchen genau an, die auf einem niedrigen Tischchen neben dem Baum lagen. Welche davon wohl für sie waren?

Aber mitten im Lied rief Oskar plötzlich: »Was macht Karlchen denn da?«

Alle hörten auf zu singen. Karlchen saß umgedreht vor dem Weihnachtsbaum und beobachtete fasziniert die tanzende Flamme einer Kerze. Dabei wischte er immerzu mit dem Schwanz hin und her über die Flamme. Die äußeren Haare an

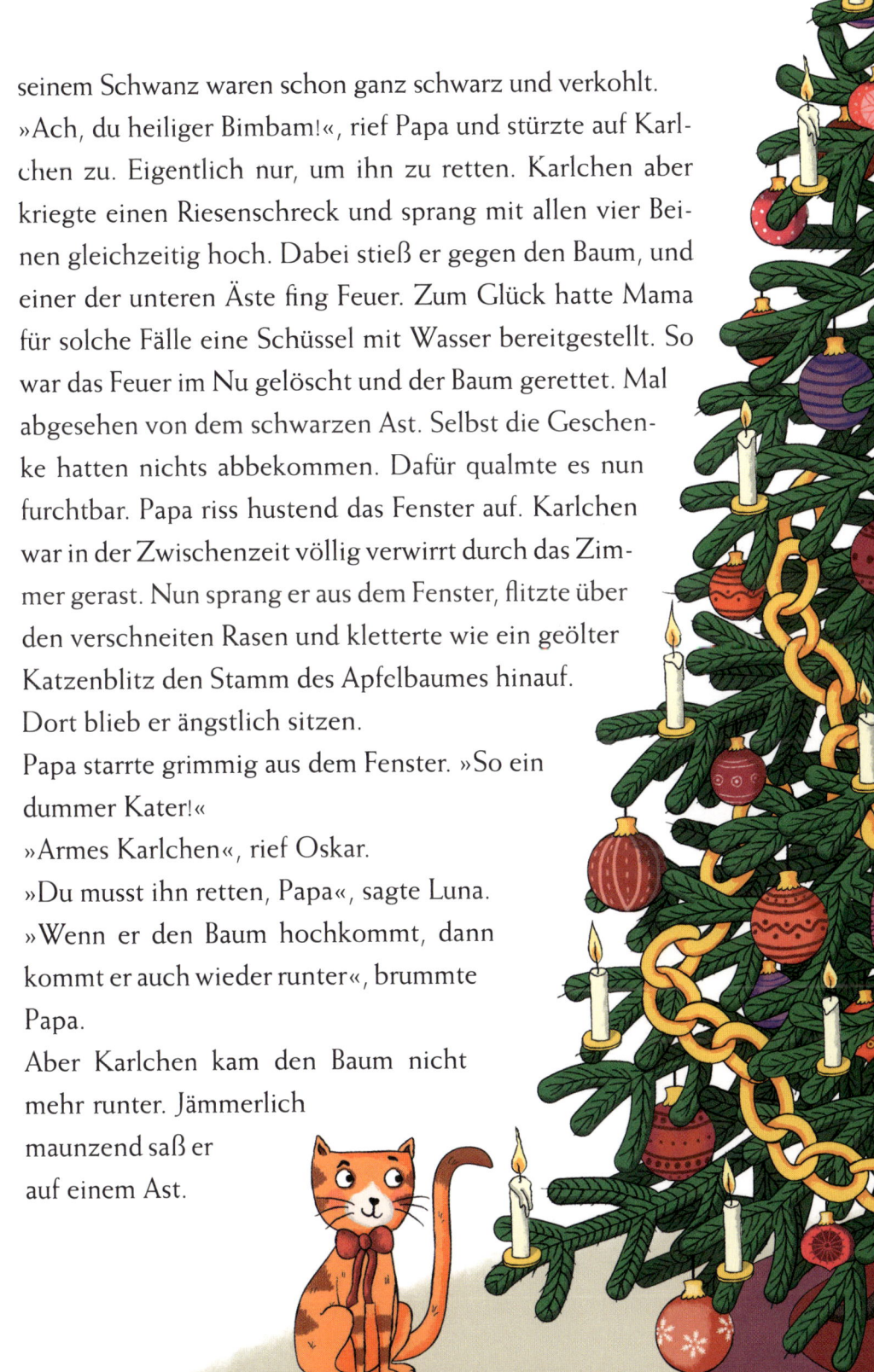

seinem Schwanz waren schon ganz schwarz und verkohlt.
»Ach, du heiliger Bimbam!«, rief Papa und stürzte auf Karlchen zu. Eigentlich nur, um ihn zu retten. Karlchen aber
kriegte einen Riesenschreck und sprang mit allen vier Bei-
nen gleichzeitig hoch. Dabei stieß er gegen den Baum, und
einer der unteren Äste fing Feuer. Zum Glück hatte Mama
für solche Fälle eine Schüssel mit Wasser bereitgestellt. So
war das Feuer im Nu gelöscht und der Baum gerettet. Mal
abgesehen von dem schwarzen Ast. Selbst die Geschenke hatten nichts abbekommen. Dafür qualmte es nun
furchtbar. Papa riss hustend das Fenster auf. Karlchen
war in der Zwischenzeit völlig verwirrt durch das Zimmer gerast. Nun sprang er aus dem Fenster, flitzte über
den verschneiten Rasen und kletterte wie ein geölter
Katzenblitz den Stamm des Apfelbaumes hinauf.
Dort blieb er ängstlich sitzen.
Papa starrte grimmig aus dem Fenster. »So ein
dummer Kater!«
»Armes Karlchen«, rief Oskar.
»Du musst ihn retten, Papa«, sagte Luna.
»Wenn er den Baum hochkommt, dann
kommt er auch wieder runter«, brummte
Papa.
Aber Karlchen kam den Baum nicht
mehr runter. Jämmerlich
maunzend saß er
auf einem Ast.

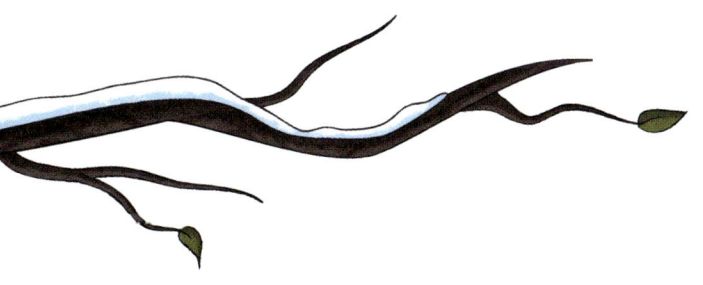

Er ließ sich weder mit den feinsten Katzenkeksen noch mit dem Weihnachtslachs dazu bewegen, sich auch nur einen Zentimeter zu rühren.

»Wir haben keine Leiter, die hoch genug ist. Sonst könntest du ihn runterholen, Franz«, überlegte Mama. Die ganze Familie stand bibbernd im Garten und versuchte, den ebenso bibbernden Kater vom Baum zu locken.

»Du musst die Feuerwehr rufen, Papa!«, sagte Oskar. »Die haben eine lange Leiter. Und die retten auch Tiere.« Das wusste er aus seinem Feuerwehrbuch.

»Ich kann doch an Weihnachten nicht die Feuerwehr rufen. Wegen einer Katze!«, rief Papa.

»Aber sonst erfriert Karlchen noch«, sagte Luna flehend.

Also rief Papa die Feuerwehr. Weihnachten war ziemlich toll, aber so ein kompletter Löschzug, der mit Tatütata rasant in die Einfahrt brauste, war eindeutig obertoll. Fand Oskar.

Papa war da anderer Meinung. Die Feuerwehrleute waren aber gar nicht wütend, dass sie ausrücken mussten, um Karlchen zu retten.

»Das ist unser Job, auch an Weihnachten«, sagte einer, der Klaus hieß. »Ich bin froh, dass euer Baum nicht abgebrannt ist. Da rette ich lieber den kleinen Kater!«

Die Männer fuhren die große Drehleiter aus, und Oskar durfte mit in den Rettungskorb, um Karlchen von seinem Ast zu pflücken. Katzen pflückte man zwar eigentlich nicht, aber in diesem Fall konnte man das wohl so nennen.

Nach der Rettungsaktion brachte Mama Kakao und Weihnachtskekse für die Feuerwehrleute. Karlchen wurde in eine kuschelige Decke gewickelt und ins Haus gebracht.

Das Blaulicht an den Feuerwehrwagen blinkte noch. Die Feuerwehrleute tranken süßen Kakao und knabberten Kekse. Sogar Papa sah wieder fröhlich aus.

»Das ist doch eine schöne Weihnachtsfeier«, sagte Luna, die sich ebenfalls die Hände an einer Tasse warmem Kakao wärmte.

Da lachten alle. »Ja«, sagte Klaus. »Das ist wirklich eine schöne Weihnachtsfeier, hier im Garten unterm Apfelbaum! Da fehlen nur noch die Geschenke.«

Stimmt. Die Geschenke! Die hatten sie in der Aufregung ganz vergessen.

»Nein«, sagte Luna. »Es fehlt ein Lied.«

»Welches möchtest du denn singen?«, fragte Klaus.

»*Stille Nacht*«, rief Oskar. »Das ist immer so schön!«

»Wir sollten es umdichten in *Keine stille Nacht*«, schlug Papa lachend vor.

Aber das taten sie nicht. Sie sangen schallend *Stille Nacht, heilige Nacht*, wie es sich gehört. Luna, Oskar, Mama, Papa und die Feuerwehrleute. Sogar die Leute, die vorher neugierig hinter den Gardinen gestanden und geschaut hatten, was da im Nachbarsgarten vor sich ging. Sie öffneten ihre Fenster und sangen einfach mit. Selbst der Dackel Bo jaulte sein feierlichstes Dackeljaulen. Nur Karlchen lag auf Papas Sessel und knabberte an den Katzenkeksen, die er unter dem Weihnachtsbaum gefunden hatte.

Chaos in der Spielzeugfabrik

Irgendwo im Nirgendwo gibt es eine Spielzeugfabrik, die ist größer als jede andere. Dort werden alle Spielzeuge hergestellt, die sich auf euren Weihnachtswunschzetteln finden. Alle Spielzeuge, die ihr euch nur erträumen könnt. Falls ihr euch also einen singenden Kampfroboter, ganz in Rosa und mit Spezial-Laserkonfetti-Pistole, wünscht – hier wird er entworfen und gebaut. Am Weihnachtsabend kommt er dann schön verpackt auf den großen Weihnachtsschlitten und wird vom Weihnachtsmann persönlich zu euch nach Hause gebracht.

In der Spielzeugfabrik stehen eine Menge magischer Maschinen: Bunte Rädchen drehen sich, und auf Laufbändern werden Bauteile für Stofftiere, Eisenbahnen oder Roboter hin und her gefahren. Lampen blinken, Sägen brummen,

und Hämmer klopfen. Es kann einem ganz schwindelig werden dabei! Aber es gibt ja die Bau-Kobolde, die in der Fabrik arbeiten. Die kennen sich mit all den Maschinen und Werkzeugen aus und behalten immer den Überblick. Nur einmal, da passierte etwas Furchtbares in der Spielzeugfabrik. Und das ganz kurz vor Weihnachten! Um ein Haar wäre der Weihnachtsschlitten leer geblieben.

Damals arbeitete ein kleiner Kobold in der Fabrik, der Knorre hieß. Wie alle Kobolde hatte er zotteliges Haar in einer Farbe, die man Popelgrün nennen könnte. Aus den Haaren ragten zwei riesige spitze Ohren hervor. Seine Koboldfüße waren nicht gerade klein und die Beine ziemlich krumm. Alles in allem waren die Bau-Kobolde keine hübschen Wesen, wäre da nicht ihr ganz besonderes Lächeln gewesen. Das zeigten sie immer dann, wenn sie gerade ein neues Spielzeug entwarfen oder bauten. Denn das machte ihnen von allen Dingen auf der Welt am meisten Spaß.

Dieses besondere Lächeln leuchtete auch auf Knorres Gesicht, während er eine Zeichnung von einer Polizeistation mit Hubschrauberlandeplatz, Alarmsirene und Gefängnis anfertigte. Er freute sich schon darauf, sie später zu bauen. Sein Gesicht strahlte, als sei gerade die Sonne aufgegangen.

Eben überlegte Knorre, was für einen Ton die Alarmsirene bekommen sollte, als etwas Sonderbares passierte. Es knallte. Es krachte. Dann machte es *Wiiiuuuooo*. Plötzlich hielten die Laufbänder an, und die Lichter gingen aus. Die Spielzeugfabrik stand still.

»Ojemine! Ojemine!«, jammerte Knirps. Er arbeitete neben Knorre. »Was ist passiert?«

»Ich weiß es nicht«, sagte Knorre und blickte sich um. »Wir bräuchten Licht, um es herauszufinden!«

Er hörte etwas klicken, dann blendete ihn ein Lichtstrahl.

»He, was soll das?«, protestierte Knorre und hielt sich die Hand vor die Augen.

»'tschuldigung«, sagte Knirps. »Das ist die Taschenlampe mit Pferdekopf, die ich gerade gebaut habe. Zum Glück funktioniert sie schon.«

Knorre nahm die Taschenlampe. »Komm! Wir schauen mal nach, was los ist.«

In der Spielzeugfabrik herrschte das reinste Chaos. Alle Kobolde redeten und rannten durcheinander. Ein paar, die zufällig gerade Spielzeuge mit Licht hergestellt hatten, versuchten erfolglos, die Maschinen zu reparieren. Ein Kobold leuchtete mit den Glühaugen eines Spielzeugdrachen in seine Maschine hinein.

»Eine Katastrophe ist das! Eine Katastrophe!«, murmelte er dabei unentwegt vor sich hin.

Und da hatte er recht! Denn kein Kobold konnte mehr an seinen Spielzeugen arbeiten. Es war stockfinster, wenn nicht sogar zappenduster, und irgendwie schien keiner auch nur den Funken einer Idee zu haben, was nun zu tun sei.

Durcheinanderlaufen und die Koboldhaare raufen war auf jeden Fall keine Lösung, fand Knorre. Er überlegte. Alle Maschinen waren auf einmal ausgefallen. Es musste also irgendwo eine Unterbrechung im magischen Kreislauf geben. Hier drinnen wurde der strengstens kontrolliert, aber vielleicht war irgendetwas von draußen hineingeraten?

»Knirps, wir müssen herausfinden, was passiert ist. Wir gehen rauf aufs Dach!«, sagte Knorre. Knirps tapste hinter ihm her nach draußen. An der Außenseite der Fabrik gab es zwar keine Leiter, dafür aber eine knorrige Kletterpflanze, deren Äste wie Leitersprossen an der Fabrikwand hochführten.

Daran kletterten die beiden Kobolde nun hoch. Die Spielzeugfabrik war allerdings nicht nur sehr groß, sondern auch sehr hoch. Knorre machte das Klettern nichts aus, aber Knirps bebten ganz schön die Knie. »Nur nicht runterschauen, schön festhalten«, sprach er sich selbst Mut zu.

Endlich waren die beiden auf dem Dach der Fabrik angelangt. Das Dach war mit schimmernden Spiegelschindeln bedeckt, die zwar hübsch im Mondlicht glänzten, aber ziemlich rutschig waren. Vorsichtig, auf allen vieren, krochen Knorre und Knirps bis zu einer runden Öffnung in der Mitte des Daches. Dort befand sich ein Schacht, durch den das Mond- und Sternenlicht in die Fabrik fiel. Magische Maschinen sind kompliziert, und es würde an dieser Stelle zu lange dauern, zu erklären, wie sie genau funktionieren. Nur so viel: Ohne diese Nachtlichter läuft nichts in der Maschinenmagie.

»Hörst du das?«, flüsterte Knorre

plötzlich. Knirps hörte nichts außer seinen eigenen Zähnen, die einfach nicht aufhören wollten zu klappern. Solche Angst hatte er!

»Da ist jemand im Schacht!«, flüsterte Knorre.

»Auweia«, sagte Knirps und riss seine Augen weit auf. »Es gibt doch so einen fiesen, miesen Typen, der Weihnachten abschaffen will. Vielleicht ist er das und versucht, unsere Fabrik kaputt zu machen?«

»Oh Mann, Knirps«, sagte Knorre. »Das ist doch nur eine Geschichte, mit der man kleinen Kobolden Angst einjagt. Keiner will Weihnachten abschaffen, so ein Quatsch!«

Dann beugte sich Knorre vor und rief in den Schacht hinunter: »Ist da jemand?«

Sie lauschten gespannt. Nach einer Weile kam mit fiepsiger Stimme eine Antwort: »Wir sind das! Fips und Frido. Fips hängt fest!«

Knorre leuchtete mit der Taschenlampe in den Schacht. In ihrem Lichtstrahl entdeckte er etwas, das eindeutig kein fieser, mieser Weihnachtsabschaffer war: Nur ein kleines rotes Eichhörnchen. Sein buschiger Schwanz hatte sich in einem Zahnrad verfangen. Neben ihm saß noch ein Eichhörnchen und zerrte abwechselnd an dem Rad und an seinem Freund.

»Schnell«, rief Knorre. »Wir brauchen einen langen Ast.«

Knorre nahm ein Schneidewerkzeug aus seinem Werkzeuggürtel und rutschte zum Rand des Daches. Dort schnitt er eine lange Ranke ab und zog sie mit Knirps' Hilfe zum

Schacht. Er band das Werkzeug an das Astende und ließ diesen dann wie eine Angel in das Loch hinunter.

»Ihr müsst die Haare abschneiden, um freizukommen«, rief Knorre.

Eichhörnchen Frido machte sich gleich ans Werk.

»Mein schöner Schwanz!«, jammerte Fips.

»Lieber ein kahler Fips als ein eingeklemmter«, sagte Frido. Ein kräftiger Schnitt – und endlich konnte Fips seinen Schwanz aus dem Zahnrad ziehen.

»Springt schnell auf den Ast, bevor die Maschine startet!«, rief Knorre. »Ich ziehe euch rauf.«

Gerade noch rechtzeitig griffen die beiden Eichhörnchen nach der Ranke. Schon begannen sich die Zahnräder wieder zu drehen. Knirps und Knorre zogen die beiden hoch aufs Dach.

Knirps kicherte. »Hi, hi, eine Eichhörnchen-Angel!«

Aber die Eichhörnchen sahen nicht sehr glücklich aus. Fips'

Schwanz war ganz kahl, und beide ließen die Köpfe hängen.
»Wir wollten doch mal sehen, was in der Spielzeugfabrik
passiert«, sagte Frido. »Wir haben so viele Geschichten darüber gehört. Aber dann war es so rutschig auf dem Dach,
und Fips ist durch das Loch geplumpst. Es hat ganz laut ge-
kracht, und ich hab ihn nicht mehr herausgekriegt.«

»Ja«, sagte Knirps. »Dabei habt ihr unsere ganze Fabrik
lahmgelegt, ihr tölpeligen Nussknacker.«

Aber Knorre war froh, dass die Geschichte gut ausgegangen
war. Seine Polizeistation wartete schließlich auf ihn.

»Vielleicht solltet ihr das nächste Mal einfach an der Vor-
dertür klingeln, statt übers Dach zu klettern«, sagte er
freundlich. »Kommt mit, wir zeigen euch jetzt die Spielzeugfabrik.«

Ganz aufgeregt kletterten die Eichhörnchen mit den Kobolden hinunter. In der Fabrik strahlten wieder die Lichter, und
die Kobolde bauten glücklich an ihren Spielzeugen. Fast, als
wäre nichts passiert. Fips und Frido sahen zu, wie Knorre die
Polizeistation mit einer besonderen Alarmsirene ausstattete.
Sie machte *Wiiiuuuooo.*

Später wurde die Polizeistation schön verpackt auf den
Weihnachtsschlitten geladen und vom Weihnachtsmann
persönlich zu einem kleinen Jungen namens Erik gebracht.
Und Fips und Frido saßen oben auf dem Schlitten und winkten Knorre zu. »Danke, lieber Knorre! Danke Knirps! Fröhliche Weihnachten!«

Der Weihnachtsdrache

Jedes Jahr kaufte Papa Heinze am Tag vor Heiligabend einen Weihnachtsbaum. Aber Papa Heinze hatte nie viel Glück dabei. Mal war der Baum zu groß, mal war er zu klein. Mal hatte er auf einer Seite ein großes Loch, mal rieselten die Nadeln schon am ersten Weihnachtstag zu Boden. Aber für jedes Problem hatten die Heinzes eine Lösung: Einen zu großen Baum konnte man schräg stellen, einen zu kleinen auf ein Tischchen setzen. Ein Loch konnte man mit tief hängenden Holzengeln verstecken, und mit den Nadeln konnte man den Heiligen Drei Königen eine Straße zur Krippe legen.

»Wir haben den allerschönsten Baum in der Stadt!«, sagte Mama Heinze jedes Jahr, wenn sie, Niko und Emma fertig waren mit Schmücken. Und das fanden Niko und Emma auch.

In diesem Jahr jedoch war etwas Furchtbares passiert: Papa Heinze hatte überhaupt keinen Baum gekauft. Seine neue Arbeit in der Lebkuchenfabrik war vor Weihnachten besonders anstrengend, da natürlich alle Leute in dieser Zeit Lebkuchen kaufen wollten. Deshalb musste Papa Heinze immer extra lange arbeiten. Und darüber hatte er völlig vergessen, einen Weihnachtsbaum zu kaufen. Als er am Abend vor Heiligabend nach Hause kam, warteten Mama, Niko und Emma schon gespannt an der Tür, um den neuen Weihnachtsbaum zu sehen.

»Aha«, stellte Mama Heinze fest, »dieses Jahr wird es ein unsichtbarer Baum.«

»Oh nein!«, rief Papa Heinze. Er machte auf dem Absatz kehrt, sprang in sein Auto und fuhr mit quietschenden Reifen davon. Irgendwo musste es um diese Uhrzeit doch einen Weihnachtsbaum geben!

Emma und Niko warteten derweil am Küchenfenster darauf, dass Papa Heinze wieder auftauchte.

»Weihnachten ohne Baum«, sagte Emma, »das wäre ganz schön blöd, oder?«

»Ja«, sagte Niko traurig, »das wäre ja gar kein richtiges Weihnachten.«

Nachdem sie in der Küche zwanzig Runden Mau-Mau gespielt hatten, tauchten endlich Papa Heinzes Scheinwerfer in der Einfahrt auf. Emma und Niko drückten sich die Nasen am Fenster platt, während Papa Heinze aus dem Auto stieg und den Kofferraum öffnete.

»Er hat noch einen gefunden!«, schrie Niko. Und tatsächlich holte Papa

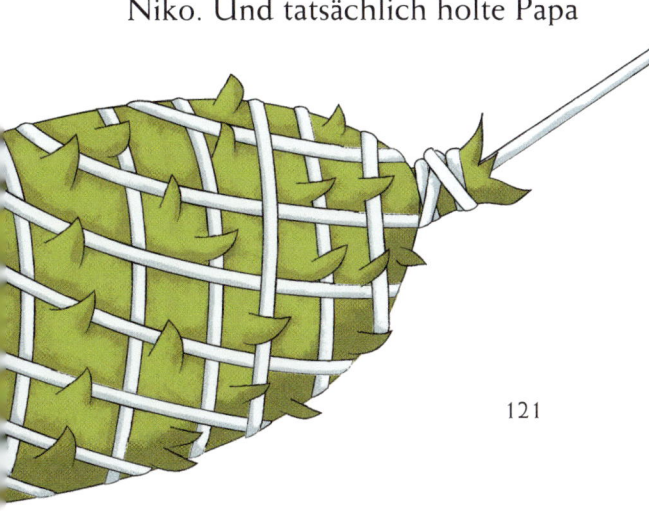

Heinze einen Baum aus dem Auto. Er war fest mit einem Plastiknetz umwickelt.

Erleichtert schauten Emma und Niko zu, wie Papa Heinze den Baum ins Wohnzimmer trug.

»Da hatte ich ja noch mal Glück. Ich habe den Baum bei dem Mann gekauft, der immer am alten Brunnen steht. Es war sein letzter Baum, und er hat ihn mir fast umsonst gegeben«, erzählte Papa Heinze stolz.

Mama Heinze runzelte die Stirn. »Er hat eine ungewöhnliche Farbe. Sah der Baum denn ohne Netz gut aus?«

»Na ja«, brummte Papa Heinze unsicher, »das Netz war schon drum… Aber Hauptsache ist doch, dass ich überhaupt noch einen Baum bekommen habe, oder?«

Da waren sich alle einig. Ans Auspacken und Schmücken war allerdings nicht mehr zu denken.

»Ab ins Bett, es ist spät!«, sagte Mama Heinze energisch. »Um den Baum kümmern wir uns morgen früh.«

»Du, Niko«, flüsterte Emma, als sie im Bett lagen. »Aus dem Netz guckten so komische Stacheln raus.«

Niko gähnte. »Was? Egal, es wird sowieso der allerschönste Baum in der Stadt!«

»Na klar«, murmelte Emma im Halbschlaf.

Doch am nächsten Morgen war der Baum weg.

Noch im Schlafanzug versammelten sich die Heinzes im Wohnzimmer und schauten ratlos auf die Stelle, wo am Abend zuvor der Weihnachtsbaum gelegen hatte.

»Hat den jemand geklaut?«, fragte Niko entrüstet.

Emma begann zu weinen. »So eine Gemeinheit! Jetzt haben wir keinen Baum!«

Papa Heinze kratzte sich am Kopf. »Ich zieh mich schnell an und schau draußen nach. Vielleicht gibt es ja Spuren.«

Eilig ging er ins Schlafzimmer und öffnete die Tür vom großen Wandschrank. Plötzlich wurde er kreidebleich. Mit einem lauten Knall schlug er die Tür wieder zu.

»K-k-kommt mal her, das müsst ihr euch ansehen!«, rief er aufgeregt.

Mama Heinze, Emma und Niko rannten ins Schlafzim-

mer. Ganz, ganz vorsichtig öffnete Papa Heinze die Schranktür. In dem Schrank lag etwas. Es war groß, grün und hatte
dicke Stacheln. Es atmete. Außerdem hing ein zerrissenes
Weihnachtsbaumnetz von dem Ding runter.

»Was ist denn das?«, flüsterte Emma.

Mama Heinze legte beschützend die Arme um ihre Kinder. »Ich ruf die Polizei!«, murmelte sie. Doch in diesem Moment bewegte sich das Ding im Schrank, und unter Papas Hemden erschien ein knubbeliger Kopf mit großen schwarzen Knopfaugen. Die starrten erschrocken auf die Heinzes, und der Kopf verschwand ganz schnell wieder unter Papas Hemden.

»Hilfe, Hilfe, Hilfe!«, hörten es die Heinzes aus dem Schrank murmeln.

Das Ding im Schrank schien völlig verschreckt zu sein. Niko nahm all seinen Mut zusammen.

»Ähem, entschuldige«, sagte er, »bist du unser Weihnachtsbaum? Hat dich vielleicht jemand verzaubert oder so?«

Das Ding im Schrank bewegte sich, und der Kopf erschien erneut unter den Hemden. »Ich bin ein Stacheldrache«, grummelte es. »Bitte tut mir nichts! Gestern Nacht bin ich in diese blöde Netzmaschine geflogen. Man hat mich völlig verschnürt und durch die Gegend getragen. Als ich mich endlich befreien konnte, wusste ich nicht mehr, wo ich bin!«

Papa Heinze hatte nie viel Glück mit Weihnachtsbäumen gehabt. Aber einen Drachen hatte er bisher noch nie erwischt. Er schüttelte fassungslos den Kopf.

Mama Heinze wusste wie immer, was zu tun war. »Nun komm mal aus dem Schrank raus, lieber Stacheldrache«, sagte sie freundlich. »Wir tun dir nichts.«

Der Drache zögerte einen Moment. Dann kroch er langsam

aus dem Kleiderschrank. Ein Hemd von Papa Heinze hing ihm noch über seinem stacheligen Kopf. Er hatte einen langen Schwanz und fellige Pfoten. Auf seinem Rücken waren zwei Flügel zusammengefaltet, wie Fledermausflügel.

»Und was machen wir jetzt?«, fragte Papa Heinze.

»Frühstücken«, sagte Mama Heinze entschlossen. Und das war wohl die beste Idee.

Der Drache lief hinter Familie Heinze her und bekam sogar einen eigenen Platz am Frühstückstisch, zwischen Emma und Niko. Er aß das gesamte Rührei und leckte den Marmeladentopf leer. So ausgehungert war er.

Papa Heinze nahm einen Schluck von seinem Kaffee und seufzte. »Erstens«, stellte er fest: »Wir haben keinen Weihnachtsbaum. Zweitens: Wir haben einen Stacheldrachen.«

»Was ist ein Weihnachtsbaum?«, fragte der Stacheldrache, nun mit Erdbeermarmeladenbart.

»An Weihnachten«, erklärte Niko, »stellt man eine Tanne in sein Wohnzimmer und schmückt sie, damit das Christkind Geschenke darunterlegt.«

»Und heute ist Weihnachten«, sagte Emma traurig. »Aber wir haben keinen Baum. Deshalb bringt das Christkind wahrscheinlich überhaupt keine Geschenke.«

»Oh«, sagte der Stacheldrache. »Ihr dachtet also, ich wäre ein Weihnachtsbaum?«

Die Heinzes nickten. Der Drache fing an zu lachen. Er konnte gar nicht mehr aufhören. Dann lachten auch die

Heinzes mit, denn irgendwie war das alles ziemlich lustig!

Als sie sich wieder beruhigt hatten, sagte der Drache: »Ich bin zwar keine Tanne, aber ich bin grün, stachelig, und ich kann ziemlich lange still stehen. Zumindest so lange, bis dieses Christkind die Geschenke gebracht hat.«

Emma und Niko rissen die Augen auf. »Ein Weihnachtsdrache!«, rief Niko begeistert. »Juchhu!«

Und da war es abgemacht.

Den Drachen zu schmücken, war allerdings nicht leicht. Er war nämlich äußerst kitzelig. Doch mit ganz viel Geduld und noch mehr Gekicher gelang es Mama Heinze und den Kindern schließlich, Holzengel, Girlanden, Kugeln und

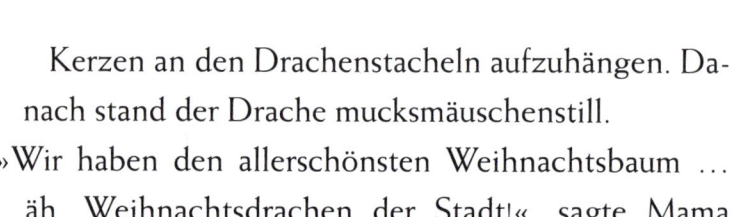

Kerzen an den Drachenstacheln aufzuhängen. Danach stand der Drache mucksmäuschenstill.

»Wir haben den allerschönsten Weihnachtsbaum … äh, Weihnachtsdrachen der Stadt!«, sagte Mama Heinze. Und das fanden Emma und Niko auch.

Als Mama Heinze später das Glöckchen zur Bescherung läutete, stürmten Papa Heinze, Emma und Niko aufgeregt ins Wohnzimmer. Der Stacheldrache trug still und feierlich die leuchtenden Kerzen und schimmernden Kugeln. Sie funkelten mit seinen Augen um die Wette. Und das Christkind hatte tatsächlich noch die Geschenke gebracht!

Familie Heinze sang *O Tannenbaum* – auch wenn das nicht so ganz passte –, und der Drache summte leise mit.

»Du, Drache«, flüsterte Niko ihm später zu, »hast du das Christkind gesehen?«

»Ja«, flüsterte der Drache und lächelte still. Denn ihm hatte das Christkind einen riesigen Topf von Oma Heinzes selbst gemachter Erdbeermarmelade gebracht.

Als die Heiligen Drei Könige
einmal den Stern verloren

Die Heiligen Drei Könige kennt jeder. Bei jedem Krippenspiel tauchen Caspar, Melchior und Balthasar auf und bringen dem Kind in der Krippe Geschenke: Gold, Weihrauch
und Myrrhe. Damit wollten sie zeigen, wie sehr sie sich über
seine Geburt freuten. Heute schenken wir den Babys lieber
Spielzeug oder eine Kuscheldecke, aber damals war das anders.

Die Heiligen Drei Könige kamen aus dem Morgenland. Das
bedeutet, dass sie einen sehr weiten Weg hinter sich
hatten, als sie Bethlehem endlich erreichten.
Und dieser Weg war ganz schön abenteuer-
lich! Nur gut, dass die Heiligen Drei Könige
nicht nur Könige, sondern auch weise Männer
waren. Sonst wären sie wohl nie in Bethlehem
angekommen!

Alle drei hatten eines Nachts den hellen Stern am
Himmel entdeckt. Sie wussten, dass dieser Stern die Geburt
eines wichtigen Menschen, eines Königs gar, verkündete.
Geschwind hatten sie ihre Kamele beladen und waren auf-
gebrochen, um dem Stern zu folgen. Bald schon trafen sie
aufeinander und stellten fest, dass sie alle den gleichen Weg
hatten.

»Die Reise, die vor uns liegt, ist gefährlich«, sagte Caspar. »Es ist gut, wenn wir zusammen weiterziehen.«

»Ja«, sagte Melchior. »In der Wüste verirrt man sich schnell!«

»Der Stern zeigt uns den Weg«, sagte Balthasar. »Er leuchtet selbst am Tage. Es wird uns nichts geschehen.«

Zwei Tage lang zogen die Heiligen Drei Könige auf sicherem Weg durch die Wüste. Ihre Kamele trugen Wasser, Nahrung und die Geschenke. Nachts schliefen die drei Könige mit den Kamelen dicht beieinander, um gegen die Kälte geschützt zu sein. Denn in der Wüste sind die Tage heiß und die Nächte dafür umso kälter.

Am dritten Tag gelangten sie an den Rand einer Felslandschaft. Doch da verdunkelte sich mit einem Mal der Himmel im Osten. Balthasar wusste sogleich, was das bedeutete.

»Ein Sandsturm! Schnell! Wir müssen einen Unterschlupf finden!«, rief er.

Wenn es in der Wüste stürmt, dann wirbelt der Wind den feinen Wüstensand mit sich. Die Luft ist voller Sand, und

das ist ziemlich unangenehm. So schnell die Heiligen Drei Könige konnten, liefen sie mitten in das Felslabyrinth hinein. Bald schon sahen sie vor lauter Sand kaum noch etwas. Zwischen ihren Zähnen knirschte es, und ihre Augen brannten.

»Hier ist eine Höhle!«, schrie Melchior da plötzlich.

Eilig zogen die drei Könige ihre Kamele in die Höhle. Das war Rettung in letzter Sekunde! Wie jeder, der Sand ins Gesicht bekommen hat, mussten auch die Heiligen Drei Könige nun erst einmal tüchtig spucken und husten.

»Hier können wir bleiben, bis der Sturm vorüber ist«, sagte Balthasar schließlich. »Morgen finden wir den Stern wieder.«

Denn auch den Stern hatte der Sandsturm verhüllt.

Die Heiligen Drei Könige entzündeten ein Feuer und schliefen erschöpft ein. Als sie am nächsten Morgen erwachten, war es ganz still in der Höhle. Der Sturm hatte aufge-

hört. Aber – oh Schreck – die Kamele waren weg! Die Heiligen Drei Könige rannten zum Höhleneingang. Ein großer Haufen Sand war durch den Sturm dorthin geweht. Aber irgendwer hatte den Eingang bereits frei geschaufelt.

»Das waren auf keinen Fall unsere Kamele!«, sagte Melchior.

»Jemand hat sie gestohlen!«, rief Balthasar.

»Wir holen sie uns wieder!«, sagte Caspar wütend und ballte seine Fäuste.

Ohne Kamele waren die drei Könige verloren. Keine Kamele bedeutete kein Wasser und kein Essen.

»Und wie sollen wir vor einen König treten ohne Geschenke?«, fragte Melchior verzweifelt.

Sie machten sich auf die Suche. Der Wind hatte die meisten Spuren verweht. Doch Balthasar entdeckte ein Büschel Kamelhaare an einem Felsvorsprung.

»Sie sind in diese Richtung gegangen«, sagte er. »Sicher verstecken sich die Diebe irgendwo in einer Höhle.«

Sie schlichen weiter in das Felslabyrinth hinein. Melchior entdeckte eine winzige Kerbe in einem Stein.

»Wir sind auf dem richtigen Weg«, sagte er leise.

Nach einer Weile hörten die drei laute Stimmen. Sie schauten vorsichtig um eine Felswand herum. Dort saßen zehn bis an die Zähne bewaffnete Räuber vor einer Höhle und wühlten in den geraubten Taschen herum.

»Was zum Wüstenkäfer ist denn das für ein stinkendes Zeug?«, brüllte ein Räuber und schüttelte das Gefäß mit dem Weihrauch. »Da riecht ja ein Kamelpups besser!« Die ganze Bande schüttelte sich vor Lachen.

»Was machen wir nun?«, fragte Melchior leise. »Das sind ziemlich viele Räuber.«

»Wir können nicht kämpfen«, sagte Balthasar.

»Aber wir können reden«, sagte Caspar und trat mutig mitten in die Räuberrunde.

Die Räuber fuhren erschrocken auf und fuchtelten mit ihren Säbeln und Messern herum. Melchior und Balthasar sprangen ihrem Freund schnell zur Seite.

Der sprach mit fester Stimme: »Das sind unsere Kamele.«

»Nö, feiner Herr, das sind jetzt unsere!«, sagte der Räuberhauptmann und lachte lauthals, sodass man all seine schiefen Zähne sah.

»Ihr dürft zwei Kamele behalten, aber eines brauchen wir zurück«, sagte Caspar bestimmt.

»Nix da«, grollte der Räuberhauptmann.

Melchior kam seinem Freund zu Hilfe. »Wir müssen schnell weiter. Wir folgen einem Stern, der uns den Weg zu einem mächtigen König zeigt«, versuchte er die Räuber zu überzeugen.

So leicht war das aber nicht.

»Bei euch piept's wohl!«, brummte der Räuberhauptmann. »Seit wann zeigen Sterne, wo ein König wohnt? Das sieht man doch auch schon an ihren riesigen Palästen!«

»Das ist ein ganz besonderer König, einer, wie es ihn noch nie zuvor gegeben hat«, erklärte Balthasar. »Das verkündet uns der Stern, dem wir folgen.«

Der Räuberhauptmann lachte schallend los. »Das ist so verrückt, dafür gebe ich euch glatt ein Kamel zurück. Und die-

ses stinkende Zeug in den Töpfen kriegt ihr auch wieder. Aber das Gold behalte ich.«

Caspar schüttelte den Kopf. »Wir können nicht ohne dieses Geschenk vor den neuen König treten.« Dann sagte er listig: »Aber du siehst aus wie ein sehr schlauer Mann.«

Der Räuberhauptmann war geschmeichelt. »Ja, ich bin der Klügste hier, das kann man wohl sagen. Meine Mama hat immer gesagt, ich hab Köpfchen.«

»Dann gebe ich dir jetzt ein Rätsel auf«, sagte Caspar. »Wenn du es löst, darfst du das Gold behalten. Wenn nicht, bekommen wir ein Kamel mit Wasser, dem Essen, dem Gold, dem Weihrauch und der Myrrhe zurück.«

Nun stand der Räuberhauptmann dumm da. Wenn er nicht mitmachte, dann dachten seine Männer womöglich, er wäre feige. Oder noch schlimmer: Er wäre zu dumm.

»Na gut«, knurrte er. »Da ich jedes Rätsel lösen kann, ist das ein schlechtes Geschäft für euch. Ich gebe dir mein Räuberehrenwort. Wenn ich das Rätsel nicht löse, bekommt ihr, was ihr verlangt.«

Caspar nickte. »So lautet mein Rätsel: Ich gebe es dir, doch es bleibt bei mir«, sagte er.

Der Räuberhauptmann dachte angestrengt nach. »Das geht nicht. Wenn du mir etwas gibst, dann ist es auch bei mir.«

Die anderen Räuber schauten ihn gespannt an. Ihr kluger Chef würde die Lösung sicher gleich wissen! Doch der sagte eilig: »Bis morgen löse ich das Rätsel, nachts kann ich einfach besser denken!«

135

Mitten in der Nacht wurden sie vom Räuberhauptmann geweckt. Er hatte eines der Kamele dabei, vollständig beladen und startklar.

»Pssst!«, zischte er. »Ihr nehmt jetzt euer Kamel mit dem Gold und verschwindet. Aber ich will die Lösung des Rätsels wissen.«

»Warum?«, fragte Caspar verdutzt.

»Dann kann ich meinen Männern sagen, dass ich selbst auf die Lösung gekommen bin und euch in meiner Güte trotzdem habe ziehen lassen«, sagte der Räuberhauptmann.

»Das ist klug!«, stellte Melchior fest.

»Und da soll niemand was anderes denken«, sagte der Räuberhauptmann.

Er führte sie an den Rand des Felsenlabyrinths. Von dort sah auch er den Stern am Himmel strahlen.

»Das nenn ich mal einen Stern!«, sagte er beeindruckt. »Vielleicht seid ihr ja doch nicht verrückt. Aber jetzt will ich die Lösung wissen.«

Caspar reichte ihm die Hand. »Das ist die Lösung: meine Hand. Ich geb sie dir, doch sie bleibt bei mir.«

Die Heiligen Drei Könige setzten ihren Weg ohne weitere Abenteuer fort. Der Räuberhauptmann behielt die zwei Ka-

mele und stellte in Zukunft jedem Gefangenen
die Rätselfrage von Caspar. Und seine Männer
hielten ihn für sehr klug.

Anne Ameling, geboren 1976 im Münsterland, studierte Geschichte, Anglistik und Romanistik in Köln, wo sie bis heute lebt. Sie arbeitete zunächst in einem Kölner Verlag, ist jedoch seit 2007 freiberuflich als Lektorin und Übersetzerin tätig. Irgendwann flog ihr dabei eine kleine Muse namens Walter zu, die behauptete, Experte für sprechende Tiere, Fabelwesen und Zaubergegenstände aller Art zu sein. Seitdem schreibt sie auch Kinderbücher.

Monika Parciak, aufgewachsen im rheinländischen Neuss, war als Kind immer sehr traurig, dass es zu Weihnachten nie schneit. Und so hat sie sich vom Weihnachtsmann immer Schnee gewünscht. Unzählige Wunschzettel mit Schneeflocken später passierte es dann: am Heilig Abend fiel Schnee. Und spätestens seitdem ist Monika Parciak ein echter Weihnachtsfan. Heute arbeitet sie freiberuflich als Illustratorin und Grafikdesignerin.

Die schönsten Vorlesegeschichten zur Weihnachtszeit

ISBN 978-3-7707-0096-7
Ab 4 Jahren

ISBN 978-3-7707-0102-5
Ab 3 Jahren

ISBN 978-3-7707-0178-0
Ab 3 Jahren

ISBN 978-3-7707-2376-8
Ab 6 Jahren

ISBN 978-3-7514-0019-0
Ab 4 Jahren

ISBN 978-3-7514-0026-8
Ab 4 Jahren

Weitere Informationen unter **www.ellermann.de**

Weihnachtliche Geschichten aus aller Welt

Susanne Orosz
UND WIE FEIERST DU?
WEIHNACHTSGESCHICHTEN
SO BUNT WIE DIE WELT
Einband und farbige Illustrationen
von Barbara Korthues
Ab 5 Jahren · 128 Seiten
ISBN 978-3-7707-0159-9

Ein Land, ein Fest und viele Geschichten: Wie feiern finnische, spanische, ghanaische, russische, japanische oder syrische Kinder in Deutschland Weihnachten? Das wird hier sehr unterhaltsam beantwortet: In allen Kapiteln geht es um Freundschaft, und Kinder stellen uns ihr Land vor. Dabei zeigen alle Geschichten das Außergewöhnliche und Großartige, das uns Weihnachten alle Jahre wieder beschert. Egal, in welcher Kultur. Vielfalt und Liebe der feiernden Menschen – das ist das Fest.

Weitere Informationen unter **www.ellermann.de**